Gütersloher Taschenbücher / Siebenstern 913

CHRISTIAN RYKE

Wie die Orgelpfeifen

HEITERE GESCHICHTE
EINER KINDERREICHEN
FAMILIE

GÜTERSLOHER VERLAGSHAUS
GERD MOHN

Illustrationen: Elsbeth Schneidler-Schwarz, Stuttgart

CIP-Titelaufnahme der Deutschen Bibliothek

Ryke, Christian:
Wie die Orgelpfeifen: heitere Geschichte einer kinderreichen
Familie / Christian Ryke. [Ill.: Elsbeth Schneidler-Schwarz]. –
10. Aufl. des Taschenbuches, (91.–93. Tsd.),
(138.–140. Tsd. der Gesamtaufl.). – Gütersloh:
Gütersloher Verl.-Haus Mohn, 1991
(Gütersloher Taschenbücher Siebenstern; 913)
ISBN 3-579-00913-3
NE: GT

ISBN 3-579-00913-3
10. Auflage des Taschenbuches (91.–93. Tsd.), 1991
(138.–140. Tsd. der Gesamtauflage)
Lizenzausgabe mit freundlicher Genehmigung des Verfassers
© Copyright by Christian Ryke
Gesamtherstellung Clausen & Bosse, Leck
Umschlagentwurf: Dieter Rehder, B-Kelmis
unter Verwendung einer Illustration von
Jan Buchholz / Reni Hinsch, Hamburg
Printed in Germany

PRÄLUDIUM

Der Reiter, der in blitzender Morgenfrühe, da noch der Tau von den Roggenähren tropfte, sein Pferd dem rosenumkränzten Haus auf der Höhe zulenkte, das von einer mächtigen Linde umarmt wurde, ahnte nicht, welch einem Quell des Lebens er sich näherte.

Doch wenn er ein »Eingeweihter« war, ein Gast, der gar schon einmal das Glück gehabt hatte, dies ungewöhnliche und nie zu vergessende Haus zu betreten, so verhielt er angesichts der zahlreichen, im rötlichen Morgenlicht funkelnden Fensterscheiben sein Pferd, um das schimmernde Flügelhorn an die Lippen zu setzen. Ein leichter Zungenschlag, und schon erscholl strahlend wie der junge Morgen das Lieblingslied des Hausherrn:

> *»Die güldne Sonne,*
>   *voll Freud' und Wonne . . .«*

Breit und behäbig blinzelte das Rosenhaus. Goldklar und leuchtend quollen die Töne. Die graue Katze auf der Steinterrasse fuhr erschrocken aus sanftem Morgenschlummer und war mit einem Satz im dichten Gezweig der Linde verschwunden. Der Storch auf dem Dache erhob sich gravitätisch aus seinem Nest, blickte mißbilligend mit schiefem Kopf auf den Störenfried und warf klappernd den roten Schnabel auf den Rücken. Und der Hofhund fuhr bellend aus der Hütte, um verspätet seine Wachsamkeit zu beweisen.

Da wurde es auch im Haus lebendig. Die Fensterflügel sprangen auf. Hier erschien ein blonder, dort ein schwarzer Wuschelkopf. Und schon trat der Hausherr mit dem Waldhorn vor die Tür, um geschwind die Oberstimme zu der geliebten Melodie zu blasen.

Nun aber sprangen auch die Herren Söhne aus den Betten. Flügelhörner, Hochbässe und Zugposaunen wurden ergriffen. Und während gerade das Sopranhorn des Gastes die zweite Strophe intonierte, fuhren aus allen Fenstern die Köpfe der jungen Musikanten und fügten sich in wohlgeübtem Chor dem Lobgesang auf das Goldgestirn und seinen Schöpfer ein, während die Hausfrau in der Küche das Feuer im altertümlichen Herd zu heller Glut entfachte, um den lieben Gast — und jeder Gast war lieb — mit starkem und wärmendem Kaffee zu erquicken.

Der letzte Akkord des Liedes verlor sich wohltemperiert im grünen Geäst der Linde, da sprang der Gast vom Pferd und trat lachend an der Seite des Hausherrn über die von vielen Füßen — alten und jungen, hurtigen und müden, tanzenden und zerquälten — abgenutzte Schwelle des alten Pfarrhauses, das mein Elternhaus war.

Mein Elternhaus! Es ist nicht allein die Liebe des dankbaren Sohnes, die dir im bunten Glanz der Erinnerung ein Denkmal setzen will. Auch nicht die Wehmut um das verlorene und nimmer wiederkehrende Glück, das für so viele Menschen, meine zehn Geschwister und mich, deinen kühlen, verwitterten Mauern entströmte. Es ist das Wissen um die Wahrheit der Worte des Psalmisten:

>*Siehe, Kinder sind eine Gabe des Herrn,*
und Leibesfrucht ist ein Geschenk.«

So widme ich dieses Buch allen Häusern, in welchen die Kinder sind »wie Ölzweige um den Tisch« und die Knaben »wie Pfeile in der Hand eines Starken«. In denen aber auch die gute Frau Musica eine Heimstatt hat, jener Engel, dessen Flügel heißen: Fröhlichkeit und Frömmigkeit!

Christian Ryke

BEIM PHOTOGRAPHEN

»Thomas, Gerald«, rief Vater mit Stentorstimme. Die dunklen Augen hinter den Brillengläsern blitzten. »Wo seid ihr Trabanten denn wieder? Wir wollen fahren!«

Mutter blickte bedenklich auf Vaters Stirn, auf der die Zornader sichtbar anschwoll. Wo waren die Unglückswürmer nur? Sie wußten doch, daß wir um elf Uhr beim Photographen sein sollten.

Vater winkte Georg. »Das Flügelhorn«, sagte er streng, »wir werden die Ausreißer schon kriegen!« Georg eilte ins Haus und erschien schneller als der Läufer in Münchhausens Erzählungen mit dem gewünschten Instrument.

Vater nahm es, murmelte etwas von »Putzen, Sidol und Faulpelzen« und stieß dann, wie weiland Roland im Tal zu Roncesvalles, gewaltig ins Horn. »Kartoffelsupp, Kartoffelsupp, den ganzen Tag Kartoffelsupp«, erklang das alte Sturmsignal.

Es verfehlte seine Wirkung nicht.

Mit schleifenden Hosenträgern keuchte Thomas um die Ecke, gefolgt von dem hochroten Gerald. Sie hatten über spannender Lektüre auf einem gewissen Örtchen die Zeit vergessen und zitterten vor der rächenden Nemesis. Angesichts der zahlreich versammelten Nachbarn, Kinder und Hunde aber begnügte sich Vater mit zwei kräftigen Kopfnüssen und beförderte dann die beiden Leseratten schwungvoll in den Omnibus.

Der Omnibus! Gelb und gewaltig hielt er vor unserem Hause. Vater hatte ihn bestellt, weil kein Zug um diese Zeit in die Stadt fuhr und weil kein Fahrzeug anderer Art die Fülle der Familie in sich hätte aufnehmen können.

Der Fahrer, ein stämmiger Mann, stützte den Ellenbogen auf die Motorhaube. Er kannte unser technisches Interesse. Gelassen schmauchte er sein Pfeifchen. Die Gewohnheiten unserer Familie waren ihm nichts Neues.

Als die beiden fehlenden Familienmitglieder gefunden waren, sollte es losgehen, doch leider ging es nicht. Es hatte nichts genützt, daß der Fahrer den Motor mit eigenem Leibe deckte. Aus dem rechten Hinterreifen war die Luft entwichen, langsam und tückisch! Offensichtlich hatte ein unbekannter Täter — Fahrer und Vater blickten uns grimmig an, ohne ein Geständnis zu erzielen — das Ventil losgeschraubt.

Wir fuhren im Schneckentempo zur Stadt und stellten unterwegs plötzlich fest, daß Molli, der Familienhund, die allgemeine Aufregung benutzt hatte, um sich im Omnibus einzuschleichen, und zwar gerade unter Mutters Sitz, die Hunde angeblich nicht ausstehen konnte.

Aber da der Fahrer, ohne Rücksicht auf anwesende geistliche Würdenträger, wilde Flüche auszustoßen begann und den Tag verdammte, an dem er sich auf diese Fahrt eingelassen hatte, wurde Molli an seinem Platz belassen.

Beim Photographen ergaben sich ernstliche Schwierigkeiten hinsichtlich Länge und Breite seines Atelierraumes, der für Riesenfamilien wie die unsrige nicht berechnet war. Der glatzköpfige Schwarzkünstler schwitzte vor Aufregung, bis er uns alle so aufgestellt hatte, wie es den Möglichkeiten seines Raumes und den damaligen Gesetzen der Gruppenphotographie entsprach.

Zwischendurch mußten einige von den Kleinen aufs Klo, wobei Thomas den Griff der Ziehvorrichtung abriß, der später in seiner Hosentasche gefunden wurde.

Schließlich war der große Augenblick gekommen, wo der verstörte Meister der Bildniskunst mit einem »Bitte, recht freundlich« unter dem schwarzen Tuch hervortauchte, was Stefan und Benjamin, die beiden Kleinsten, die über diese Zaubergeste erschreckt waren, zu einem mörderischen Geschrei veranlaßte.

Sicherheitshalber wurden mehrere Aufnahmen gemacht, und der Photograph meinte erschöpft, eine würde sicher geworden sein. Darin hatte er auch recht. Denn als die Platten entwickelt wurden, stellte sich heraus, daß außer drei völlig verwackelten Aufnahmen, die beiden anderen derartig komische Gesichter zeigten, daß der Lacherfolg vollkommen war. Den Vogel schoß hierbei zweifellos Betty ab, die im gleichen Augenblick, als der Verschluß klickte, dem biederen Photographen die Zunge herausgestreckt hatte — und sie hatte eine bemerkenswerte Zunge.

Mit der Photographiererei war es also diesmal trotz Omnibus nichts geworden. Dafür klappte es ein anderes Mal, als ein schlichter Amateur, einer von Vaters Vikaren, uns zu Hause im Garten knipste. Er hatte die grandiose Idee, uns wie Orgelpfeifen in einer Reihe aufzustellen, Vater auf dem rechten, Mutter, mit Benjamin auf dem Schoß, auf dem linken

Flügel. Ich habe dies Bild vor mir liegen und kann es nicht ohne Rührung betrachten.

Vater mit dunklem Spitzbart und schwarzem Gehrock, aus dessen Ärmeln die nie zu findenden »Röllchen« lugen, blickt ernst und gesammelt durch seine ovale Stahlbrille »Modell Virchow« mit dem gleichen Forscherblick ins Objektiv wie meine vor ihm stehende Schwester Maria, deren schneidiger Matrosenanzug den unvergeßlichen Schnitt der Jahrhundertwende zeigt.

Maria hält etwas Abstand zum Knaben Christian, der den Familienhund Molli an der Leine hält, ein dackelbeiniges Individuum mit der Brust eines Boxers, den Ohren eines Spitzes und dem schwarz-weiß gefleckten Fell einer Dogge.

Von mir ist nichts Rühmliches zu sagen. Ich war der Älteste der sieben Buben, und man erwartete wohl, daß ich ähnliches Pflichtgefühl entwickeln würde wie Maria, die Älteste der vier Schwestern. Leider zeigte ich, damals jedenfalls, keine Ansätze hierzu. Ich galt als »enfant terrible«, und das war ich ja wohl auch! Ich war begabt und lernte außerordentlich früh Lesen und Schreiben. Und ich sehe noch heute das fassungslose Gesicht Lehrer Schmidts vor mir, als ich, zarter Knabe von sieben Jahren, ihm klarzumachen versuchte, daß ich bedeutend mehr gelesen habe als er. Es spricht für die Selbstbeherrschung dieses Lehrers, daß er den vorwitzigen Burschen nicht unverzüglich übers Knie legte, sondern nur höhnisch fragte, ob »man« denn schon den »Robinson« gelesen habe und das Märchen vom Däumling, womit er das homerische Gelächter der Mitschüler entfesselte, die dem »Preesterjungen« die Niederlage von Herzen gönnten.

Was ich zu früh hatte, hatte Georg, der nächste auf dem Bilde, anscheinend zu spät. Doch war er Lebenskünstler von Kindheit an. Das zeigte sich bereits in der Babyzeit, als er, noch nicht Beherrscher seiner Gehwerkzeuge, auf den Knien zur Futterschüssel der Hühner rutschte und diesen Körner und Kartoffeln wegfraß, so daß er zum Mittagessen keinen Appetit mehr aufbrachte, worüber unsere Eltern bis zur Aufklärung der Sachlage fast verzweifelten. Berühmt wurde Georg in der Familiengeschichte jedoch erst durch Art und Zeitpunkt seines Sprechenlernens. Georg war nämlich bis zum dritten Lebensjahr völlig stumm. Wollte er etwas, so zeigte er nur zischend auf den Gegenstand seiner Wünsche, den »das arme Kind« dann natürlich auch prompt erhielt. Bis, ja bis zu jenem denkwürdigen Tag, an welchem Mutter im »Pastorenkränzchen« der ergriffen lauschenden Kaffeetafel von Gutsbesitzern, Amtmännern und Pastoren nebst Damenflor ihr Leid klagte über den nicht redenwollenden Georg, der artig in einer Ecke des Zimmers mit Bauklötzchen spielte. In das bewegte Schweigen, das Mutters Klage folgte, ertönte plötzlich aus dem Munde des »stummen« Georg der in der Familiengeschichte klassisch gewordene Satz: »Deorg tann spressen, Deorg will nis!« Es ist zu verstehen, daß allen Anwesenden die Spucke wegblieb, wie man zu sagen pflegt.

Der Knabe Johannes, der ein Jahr nach Georg das Licht dieser Welt erblickte, schien endlich alle Wünsche der Eltern nach theologisch geeignetem Nachwuchs zu erfüllen. Er war ein dickes, glutäugiges Kind mit sanften Bewegungen und herrlichen schwarzen Locken. Diese Locken waren der Stolz unserer Tante Angelika, Mutters jüngster Schwester, die vorübergehend in einem Moorbad in unserer Nähe weilte. Sie hat es Vater wohl nie verziehen, was er ihr antat, denn noch auf dem Sterbebett erzählte sie mir die Geschichte von Johannes' Haaren.

Tante Angelika hatte ihren Kurfreundinnen so viel von Johannes' herrlichen Locken vorgeschwärmt, daß diese das

Wunderkind zu sehen wünschten. Eine entsprechende Einladung erging, und die Eltern beauftragten Maria, den schwarzen Johannes zum Kurort zu befördern. Zuvor schien es jedoch Vater an der Zeit, endlich einmal die Schere an die Lockenpracht des inzwischen zum Kleinkind herangereiften Johannes zu legen, damit er »nicht so unordentlich« im Moorbad ankäme und der guten Tante Schande bereitete. Gesagt, getan! Unter den bitteren Tränen des kleinen Johannes, der durch die allgemeine Bewunderung selbst maßlos stolz auf seine Zigeunerlocken war, legte Vater Hand an ihn, bis Johannes nicht anders aussah als alle anderen Dorfbuben in seinem Alter. Dann fuhr Maria mit dem schluchzenden Johannes zur Tante, die bereits in zahlreicher Gesellschaft auf die Attraktion der Saison wartete. Aber, ach, wie sah die aus! Was nützte es, daß die Tante ihren Begleitern immer und immer wieder ein Bild des Geschorenen vor Augen hielt, auf welchem er noch im Stolz der Locken prangte; verächtlich musterten die Enttäuschten den einer gerupften Taube gleichenden Dorfknaben — denn mit Vaters Friseurkünsten war es nicht weit her — und wandten sich dann interessanteren Objekten ihrer kurbedingten Langeweile zu.

So schwarz wie die Haare von Johannes, so blond waren die meiner Schwester Margrit, der nächsten im Bild und Leben. Ihr Haar leuchtete in der Sonne wie gesponnenes Gold. Und genauso leuchtete ihre glockenhelle Stimme, wenn sie im Familienchor oder von der Empore der Kirche die Herzen der Hörer erfreute. Auf dem Bilde steht sie da wie ein Soldat, die Hände ans Kleid gepreßt, den Blick starr geradeaus. Sicher hatte Betty sie wieder zu diesem Unfug angestiftet. O Betty . . .!

Betty, Kind Nummer sechs, war der Familienclown, und ihre Streiche sind Legion. Meist waren sie derber Art, wie es bei Naturtalenten der Fall zu sein pflegt. So verlegte sie als Baby ihre »Sitzungen« nach Möglichkeit auf die Steinterrasse vor unserem Haus, wo sie das Leben auf der Dorfstraße beobachten konnte. Kam dann ein Dorfbewohner vorbeigegangen, der sich aus unerfindlichen Gründen ihr Mißfallen zugezogen hatte, so erhob sie sich feierlich und zeigte dem Überraschten nach Art berühmter Vorbilder ihre wohlgerundete Kehrseite. Auch machte sie reichlichen, allzu reichlichen Gebrauch von ihrer Zunge, wie schon die Geschichte beim Photographen zeigt. Bettys freches Gesichtchen aber auf dem bewußten Familienbild ist so herzig, daß man nachträglich dem Knipser die goldene Medaille dafür verleihen müßte, daß es ihm gelungen ist, Betty ohne herausgestreckte Zunge zu photographieren.

Kind Nummer sieben in der Orgelpfeifenreihe ist mein Bruder Thomas, der Erfinder der Konsumsteuer. Man muß es ihm lassen, er war ein bildhübscher Bursche damals, wenngleich die wadenlange Hosenmode, die Mutter bei der Bekleidung ihrer Söhne bevorzugte, heute kaum noch als vorteilhaft bezeichnet werden kann. Mit der Konsumsteuer verhielt es sich so: Wenn Mutter jemand zum Einkaufen brauchte, so meldete sich regelmäßig der hilfsbereite kleine Thomas. Eigentümlich war nur die Teuerungswelle, die gerade in dieser Zeit die Läden ergriff, in denen Thomas einzukaufen pflegte. Alle Waren hatten um zehn Pfennige aufgeschlagen! Thomas zur Ehre sei gesagt: er konnte, als seine private Steuererhebung aufgedeckt wurde, nachweisen, daß er das erzielte Steuervolumen sofort wieder in den Handel gebracht hatte, indem er nämlich Süßigkeiten erwarb, mit denen er auch uns reichlich bedachte. Wir haben es ehrlich bedauert, als Mutter als Zollbehörde diese Konsumsteuer wieder abschaffte.

Die Idee zur Konsumsteuer stammt sicher nur von Thomas. Aber die Verwendung dieser Steuer zum Einkauf von Süßigkeiten könnte auch auf einen Vorschlag Evas, der jüngsten und hübschesten unter meinen vier Schwestern, zurückgehen, die damit ihrer biblischen Namensschwester auch wesensmäßig treu blieb. Eva war eine kleine Naschkatze, und zwar so sehr, daß selbst der sich alljährlich in Versen produzierende Nikolaus daran gereimten Anstoß nahm.

Ja, die Eva! Was war das beste an diesem ranken, jungen Ding mit den kühlen, grauen Augen? Ach, was kann es anderes gewesen sein als das, was uns vor allem anderen erfüllte: die Musik! Aber während wir Dilettanten waren, die — auf mehreren Instrumenten zu Hause — doch mehr oder weniger nur zu unserem oder anderer Leute Vergnügen bliesen, fiedelten oder pfiffen, nahm Eva die Musik so ernst wie etwas Heiliges — und das war es ja auch! Ihr Instrument war das Klavier, und sie hat es darauf zu einer gewissen Meisterschaft gebracht. Sie war sozusagen die musikalische Hoffnung der Familie.

Niemals werde ich ihr erstes öffentliches Auftreten anläßlich eines Schülerkonzertes in unserer Kreisstadt vergessen. Wir waren natürlich vollzählig als »Claqueure« erschienen und entschlossen, Zuhörer, die etwa Mißfallenskundgebungen zu äußern wagten, in den tiefsten Pfuhl der Hölle zu schicken. Es war aber nicht notwendig. Vor Eva spielten verschiedene andere Schüler und Schülerinnen. Man sah, sie hatten ihr Stück gut gelernt. Aber die Seele fehlte, jener Funken, der jeder echten künstlerischen Leistung innewohnt. Da kam Eva! Sie trug ein schwarzes Samtkleid, das ihre knabenhafte Figur wie eine Rüstung umschloß. Und wie ein Ritterfräulein schritt sie entschlossen und bebend auf den Flügel zu. Man hörte förmlich, wie ihr Herz klopfte. Und unseres auch! Eva setzte sich und schloß die Augen. Dann spielte sie. Einen Walzer von Chopin, die »Mondscheinsonate« und schließlich die »Träumerei« von Schumann. Ihre Finger glitten über die Tasten, sie spürte es nicht. Ihre Augen blieben geschlossen. Als der Beifall aufrauschte wie ein Meer, wir natürlich als Wellenreiter, da rannen dicke Tränen über ihre blühenden Wangen. Die Klavierlehrerin umarmte sie auf offener Bühne. Das Publikum trampelte mit den Füßen. Es war ein Riesenerfolg. Mit verschämtem Knicks nahm Eva den ersten Preis, ein Beethovenalbum, entgegen. Wir aber waren heiser und glücklich wie die Frösche.

Eva war die letzte der vier Mädchen, die das Rosenhaus beglückten. Dann folgten »nur« noch drei Buben. Der erste von ihnen war Gerald, ein praktisch veranlagter Junge mit krausen Ringellocken und großen braunen Augen, die stets eine große Geschichte zu erzählen bereit schienen. Seine Phantasie war ebenso groß wie seine Fähigkeit, elektrische Leitungen zu reparieren. In beiden Dingen war er gewohnt, mit hoher Spannung zu arbeiten! Trotzdem erregte er einen Aufruhr, als er von der Schule nach Hause kam und erzählte, daß er gesehen habe, wie ein Mann in selbstmörderischer Absicht ins Wasser gegangen sei. Als sich dann herausstellte, daß besagter Mann nur baden wollte, meinte Gerald, der Mann habe es sich wohl noch einmal überlegt, weil das Wasser zu kalt gewesen sei. Nun, wer weiß! Wir überschütteten jedenfalls den kleinen Krauskopf mit Spott und Hohn, bis Vater ein »Machtwort« sprach, wie er sich auszudrücken pflegte.

Ins Wasser gehen war auch die Leidenschaft meines Lieblingsbruders Stefan. Er war als Schwimmer ein Naturtalent, der niemals schwimmen lernte, er konnte es von Geburt an! Noch nicht vier Jahre alt, sprang er ohne vorherige Ankündigung vom Sprungbrett hinter mir ins Wasser. Als ich entsetzt zur Stelle kraulte, wo sein kleiner Blondschopf verschwunden war, tauchte er schon prustend auf und schwamm

mit zügigen Stößen dem Ufer zu. Kaum draußen, begann er den Sprungturm hinaufzuklettern. »Stefan«, rief ich, »bist du verrückt? Sofort kommst du wieder runter, du Lausbub!«
»Ach, Christian«, schrie er, »nur noch ein einziges Mal. Ich will nur sehen, ob ich wieder allein hochkomme!«

Und der letzte auf dem Bilde ist unser kleiner Benjamin mit seinem hinreißenden, unbesiegbaren Lachen. Dabei hatte er gar nicht soviel zu lachen. Denn der Jüngste von elf Geschwistern zu sein ist kein leichtes Schicksal. Ich meine hierbei nicht die Knüffe der Brüder und die Liebkosungen der Schwestern, sondern die Last der Erbfolge, die auf seinen kleinen Schultern ruhte. Vater war ein weitblickender Mann, und wenn er etwas für uns kaufte, so war es entweder so, daß der Betroffene in das gekaufte Kleidungsstück erst nach Jahrzehnten hineinwuchs, oder von so dauerhafter Qualität, daß sieben Buben es sieben Jahre lang tragen konnten — unter Umständen noch länger! Es läßt sich denken, daß solch ein Kleidungsstück, wenn es im natürlichen Erbgang von mir als dem Ältesten bis zu Benjamin gelangt war, keineswegs mehr neu aussah. Meist war dann von dem ursprünglichen Gegenstand nicht mehr viel vorhanden als die Löcher für Arme und Beine. Alles übrige bestand aus prächtigen Flicken, die dank der Farbenblindheit unserer Stopffrau in den schönsten Farben prangten. Ich sehe noch den kleinen Benjamin eines Morgens schluchzend in seinem Bettchen sitzen, ein solches Kleidungsstück in der Hand, und höre ihn weinend in die Worte ausbrechen: »Wenn ich groß bin und Kinder hab', dann dürfen die *nie* eine geflickte Hose anziehen!« Aber besser der Hosenboden hat einen Flicken als das Herz!

SONNTAGSFAHRT

Vater war ein Frühaufsteher. So manchen Morgen, wenn wir noch selig in unseren Betten schlummerten, zog uns eine kräftige Hand die Bettdecke weg, und eine nur zu gut bekannte Stimme donnerte: »Aus den Federn, ihr faulen Füchse!« Wenn wir dann nicht wie der Blitz aus den Betten fuhren, ergoß sich eine Kanne kalten Wassers über unser Gesicht.

Meist aber wurden wir durch einen Choral geweckt, den Vater meisterlich auf dem Waldhorn spielte, sei es »Die güldne Sonne« und »Wach auf mein Herz und singe« von Paul Gerhardt oder Christian Knorr von Rosenroths herrliches Morgenlied »Morgenglanz der Ewigkeit«. Diese Morgenlieder waren, weil ihre Schönheit den ganzen kommenden Tag erhellte, eine Beglückung und natürlich auch weit angenehmer als eine Kanne Wasser.

Am schönsten war es am Sonntag. Vater hatte als Landpfarrer drei Dörfer zu betreuen und stand jeden Sonntag

dreimal auf der Kanzel, um seinen Gemeinden die frohe Botschaft zu verkünden. Mit einem kleinen Jagdwagen fuhr er
schon früh am Morgen los, um die zwanzig Kilometer lange
Tagestour bewältigen zu können. Ein Platz neben ihm im
Wägelchen war frei, und da ich leidenschaftlich gern kutschierte, war ich am Sonntagmorgen immer vor meinen Brüdern zur Stelle, um die Fahrt mitmachen zu können. Ich
glaube, daß Vater mich gern mitnahm. Denn da er ein ge-
borener Pädagoge und Erzieher war, liebte er es, jemanden
um sich zu haben, den er auf interessante Dinge aufmerksam
machen konnte.

Wenn ich heimlich aus dem Jungenzimmer geschlüpft war,
um die Brüder nicht zu wecken, griff ich ein großes Stück
Sonntagskuchen und sprang schnell zu dem bereits wartenden
Vater in den Wagen, vor dem die treue Senta oder später der
kitzlige Alex mutig mit den Hufen scharrten. Vater wickelte
mich in eine warme Decke, die Spritzdecke aus Leder wurde
festgeknöpft, ein lustiges Abschiedswort zu der am Fenster
stehenden Mutter, die ihren beiden Männern liebevoll zu-
winkte, und schon rollten wir aus dem Hoftor über die holprige
Dorfstraße. Bald hatten wir die letzten Häuser des Dorfes
hinter uns gelassen; braune, grüne oder goldene Felder breiteten sich aus, und die ersten Sonnenstrahlen tanzten auf
Peitsche und Zügel, die ich stolz in Händen hielt, obwohl das
Pferd den Weg auch ohne meine »Hilfen« gefunden hätte.

Vater thronte in seinem mächtigen Schafspelz neben mir,
eine schwarze Fellkappe über den Ohren, und schnalzte nur
hin und wieder mit der Zunge. Das Pferd trabte, und die
Tautropfen sprühten wie Diamanten.

Solange der Weg gut war, kutschierte ich, aber auf der Höhe
nahm Vater die Zügel, denn hier begann der sogenannte
»Priesterweg«, ein grundloser Feldweg mit großen Felsblöcken

mittendrin, so daß der Wagen manchmal schiefer stand als der Turm von Pisa.

Wir hätten auch einen anderen, weniger gefährlichen Weg fahren können, der zwar etwas weiter, dafür aber bequemer gewesen wäre. Aber der »Priesterweg« hatte es Vater angetan. An seinem Rande wuchs ein Apfelbaum, der im Herbst stets eine Unzahl kleiner, gelber, säuerlich schmeckender Äpfel abschüttelte, so daß der Boden unter ihm wie von goldenen Tupfen gepflastert erschien. Vater hätte es nie über sich gebracht, von einem Baum, der ihm nicht gehörte, und stände er noch so weit von jeder menschlichen Ansiedlung entfernt, eine Frucht zu nehmen, obwohl ich glaube, daß dieser Baum ein Wildling war, der niemandem gehörte. Aber die Früchte auf der Erde jammerten ihn. Denn er war von früh auf daran gewöhnt, nichts umkommen zu lassen. Außerdem schmeckten die kleinen Äpfel wirklich gut, wenn sie auch die Zunge zusammenzogen wie Galläpfel. Bei diesem Baum wurde stets gehalten, und wenn es Herbst war, schmausten Pfarrer, Pferd und der kleine Kutscher um die Wette vom goldenen Apfeltisch. Dann wurden noch die Taschen gefüllt für unterwegs und die Geschwister daheim, und weiter ging die Fahrt.

Unterwegs stellte Vater allerlei Aufgaben. »Siehst du den Weizen da?« pflegte er beispielsweise zu sagen und schmunzelte, wenn ich meinte, daß der »Weizen« doch wohl Gerste sei. Er kannte jede Blume und jeden Vogel. Er machte den Zeigefinger naß und prüfte die Windrichtung. Er ließ mich Entfernungen schätzen und erklärte, warum das Rentiermoos an den Kiefern so heiße und stets nur an einer Seite der Bäume lebe. Ich kam mir vor wie ein Indianer auf Entdeckungsfahrt, und Vater war Winnetou, der große Jäger und Fährtenleser.

Dabei waren Vaters Augen schlecht, und er trug deshalb die

altmodische Brille, mit der er leidlich sah. Aber wie glücklich war er, wenn ich bereits auf sechs Kilometer Entfernung die Kirchturmspitze erspähte! »Junge, hast du gute Augen«, knurrte er dann glücklich und schnalzte mit der Zunge. »He, Alex, he!« Kurz vor acht rollten wir dann unter dem dröhnenden Klang der Glocken ins Dorf hinein.

Da Vater in seinen drei Kirchdörfern stets die gleiche Predigt hielt, von gewissen örtlichen Bezugnahmen in seinem Text abgesehen, war es mir gestattet, die Kirche auszuwählen, in der ich am Gottesdienst teilnehmen wollte.

Meist ging ich im ersten Dorf zum Gottesdienst, weil dort eine besonders schöne Orgel und ein herrlicher Barockaltar waren, der mit seinen Verzierungen und bunten Ausmalungen meine Phantasie erregte, wenn Vaters Predigt für mein kindliches Fassungsvermögen zu lange dauerte.

Denn Vater predigte niemals unter einer Stunde. Er packte das Problem, das dem Bibeltext des Sonntags zugrunde lag, an der Wurzel. Er kannte das Leben jedes einzelnen in seiner Gemeinde bis ins kleinste, und mancher Sünder ging zerschmettert, mancher heimlich Leidtragende getröstet aus dem Gotteshaus. Und keiner murrte. Denn sie wußten, daß Vater ein Christ war, der das Evangelium nicht nur auf den Lippen trug, sondern danach lebte. Wie oft hatte er sein letztes Geld einem Bedürftigen gegeben! Kein Kranker blieb ohne Fürsorge und Hilfe. Kein Hungriger blieb ungespeist. Und sein ganzes Leben lang hat Vater vorwiegend die Kleider seines Vaters »aufgetragen«.

Und er war ohne Furcht! Niemals werde ich den »Heiligen Abend« in der Industriegemeinde vergessen, die Vater in späteren Jahren übernahm. In das kerzenerleuchtete und von Gläubigen überfüllte Gotteshaus schlug der Stein eines Fanatikers und zerschmetterte das bunte Mosaik eines Kirchenfensters. Das Fenster zerknallte wie eine Granate, und der Stein, der meinen vor dem Altar stehenden Vater treffen sollte, aber vom Bleirahmen des mächtigen Fensterbogens abgeglitten war, schlug einer neben meiner Schwester Eva sitzenden alten Frau ein Loch in den Kopf, so daß diese blutüberströmt zusammenbrach. Doch in die ausbrechende Panik dröhnte vom Altar her Vaters mächtige Stimme, der mit hellem Gesang ein Weihnachtslied intonierte. Die Panik unterblieb.

Ja, eine Stimme hatte Vater, die uns manchmal tönte wie die Posaune des Jüngsten Gerichts, und es war nicht gut, sie zu überhören! Wir Söhne haben diese Stimme fast ausnahmslos geerbt, und wenn wir in der Kirche, auf einer Bank sitzend, das gewaltige Spitta-Lied anstimmten: »Es kennt der Herr die Seinen«, dann wachte auch der ärgste Schläfer auf, und Vater lächelte stolz, denn in einem kräftig gesungenen Kirchenlied sah er den halben Gottesdienst.

So hatte Vater auch seine drei Dorfgemeinden zu Singgemeinden erzogen, und jedes Gemeindeglied sang, jubelte oder brummte Gott zur Ehre, während die Posaunen schallten und die Königin der Musik, die Orgel, in mächtigen Akkorden den Generalbaß exerzierte.

Ja, die Orgel, sie hatte es uns Kindern von früh her angetan. Maria hatte beim Organisten Unterricht, und oft saß ich mit dem kleinen Thomas im Gestühl und lauschte dem himmlischen Klang. Manchmal gelang es uns auch, den Organisten zu beschwatzen, daß er uns eine halbe Stunde üben ließ. Dann kletterte Thomas auf die Bälge und trat sie, bis ihm selbst die Luft ausging und ich ihn ablösen mußte. Dann versuchte er mit seinen kleinen Händen eine Melodie zu formen, die Füße reichten leider noch nicht bis zu den Fußtasten. Allmählich bildete ich mir ein, schon recht gut Orgel spielen zu können, bis, ja bis ...

Eines Sonntags stand ich neben dem alten Organisten an der Orgel und half die Register ziehen. Der Hauptgottesdienst war fast zu Ende, und jetzt sollte der Kindergottesdienst beginnen. Plötzlich meinte der alte Organist, ich könne doch während des Kindergottesdienstes die Orgel spielen. Er müsse nach Hause, seine Bienen schwärmten! Nun, das war ein Grund, gegen den nichts einzuwenden war. Nur, daß ich zwar schon recht gut auf der Orgel improvisieren konnte, während es mit dem Vom-Blatt-Spielen noch sehr trübe aussah. Ich aber vertraute meinem guten Stern, daß sicherlich Lieder gesungen würden, die ich kannte und auswendig begleiten konnte. Außerdem war ich ja zu eitel, dem Organisten einzugestehen, daß ich nur mangelhaft vom Blatt spielen könne. Der war inzwischen auch schon von der Orgelbank gerutscht und mit schwerem Schritt die Treppe hinabgestiegen.

Der Kindergottesdienst begann. Zuerst schien alles gut zu gehen. Das erste Lied war mir bekannt, und ich begleitete den Gesang der weißgekleideten Mädchen und mehr oder weniger artigen Jungen erfolgreich. Vater, den ich im Spiegel über der Tastatur genau beobachten konnte, hatte noch nichts von dem neuen Organisten bemerkt.

Aber dann kam das Verhängnis. »So«, sagte Vater, »jetzt, meine kleinen Hörer, wollen wir ein neues Lied lernen mit einer schönen alten Melodie, die selten gesungen wird, unser Organist wird es einmal vorspielen.« Mir war, als müßte ich in die Tasten kriechen. Hastig holte ich das schwarze Notenbuch hervor und schlug das Lied auf. Ich hatte es noch nie gehört. Gott sei mir Sünder gnädig! Ich stellte das Notenbuch auf und spielte. Ach nein, es war kein Spiel zu nennen, nur ein elendes Gestümper.

Vater hob erstaunt den Blick. Da sah er mich auf der Orgelbank hocken. Im Spiegel erkannte ich, wie er lächelte. Dann verkündete er mit lauter Stimme: »Bitte, Herr Organist, wenn Sie mit Üben fertig sind, wollen wir anfangen zu singen. Die Orgel begleitet. Bitte alle Strophen!«

Man erspare mir die eingehende Schilderung meiner Schande. Ich mußte tatsächlich alle acht Strophen begleiten. Vater sang mit lauter Stimme die Melodie, aber es nützte nicht viel. Die Kinder drehten sich nach dem elenden »Falschspieler« um —, es war zum Weinen! Und als ich mit meiner Lektion glücklich am Ende war, da standen mir Tränen der Scham in den brennenden Augen. Aber es war eine Lehre, die ich nie vergessen habe. »Was man nicht kann, soll man lassen!« sagte Vater beim Mittagessen zu mir. Und diese Worte trafen mich damals tiefer als das in solchen Fällen übliche spanische Rohr.

Den nächsten Gottesdienst konnte ich mir schenken. So sehr ich Gesang und Orgel liebte, es gab auch noch andere Herrlichkeiten, die von einem Jungen ausgekostet werden mußten. Da war in erster Linie: das Glockenläuten! Natürlich kam ich zum Eingangsläuten meist zu spät, da das Läuten schon begann, wenn wir ins Dorf einfuhren. Aber beim Vaterunserläuten konnte ich zeigen, ob ich Kraft und Mut hatte. Ja, Mut gehörte auch zum Glockenläuten. Denn wenn die Glocken einmal in Schwung gebracht waren — und es war eine Kunst, daß dies schön gleichmäßig geschah, damit die Töne sich nicht überschlugen und durcheinanderpurzelten —, war es schwer, sie wieder rechtzeitig zum Halten zu bringen. Wir Buben packten dann das Seil und ließen uns von der Glocke fast bis zum Glockenstuhl emporreißen. Ach, wie oft träumte ich des Nachts, ich hätte mir beim Glockenläuten an der hölzernen Decke den Schädel eingerannt! Aber, gottlob, noch ist er heil, wenn's auch manchmal beim Läuten und auch anderswo gefährlich aussah.

Im Gebälk eines Glockenstuhles zu hängen, hoch über First und Dach, ist etwas Abenteuerliches und Spannendes, eine Reise in eine andere Welt. Da hängen die mächtigen Glocken aus Bronze oder Stahl. Jede hat ihren besonderen Spruch auf dem Rand eingegraben, jede ihr besonderes Gesicht. Die eine ist schlank und schmal, die andere breit und behäbig. Jede hat ihren eigenen Ton, ihre eigene gewaltige Stimme.

In unserer Heimat lag der Gottesacker oder Friedhof stets um die Kirche herum, und die Gräber scharten sich um das Gotteshaus wie die Küchlein um die Henne. Mir geht's noch heute so: der schönste Friedhof der Welt bewegt mich nicht so wie unsere Dorffriedhöfe daheim, die, beschützt von ihrem Kirchlein, ein nicht geringeres Lebensbuch ausbreiten als die prächtigsten Friedhöfe in Mailand und Genf.

Man sagt, ein Friedhof sei kein Kinderspielplatz, und das ist in einer Großstadt wohl richtig so. Aber in einem mit Glauben und Aberglauben durchtränkten Dorfe hätte weder ein Erwachsener noch ein Kind jemals gewagt, ein Grab anzurühren oder eine Blume zu entfernen. Und gibt es ein tieferes Lebensbild, als wenn zwischen den efeuübersponnenen Grabhügeln und verrosteten Kreuzen die blonden und braunen Köpfchen der kleinen Brüder des heiligen Franziskus aufleuchten?

Allein der Totengräber war uns ein steter Anziehungspunkt. Er kannte die Geschichte aller Gräber und der in ihnen zur letzten Ruhe Gebetteten. Er goß die Blumen in der »Selbstmörderecke« und schnitt den Efeu an den zahllosen Kindergräbern, die bei einer Diphtherie-Epidemie im vorigen Jahrhundert aufgeworfen worden waren. Er hielt so manchen Schädel in seiner Hand und raunte mit geheimnisvoller Stimme eine Geschichte dazu. Es war auch mancher Aberglaube und Spuk dabei, aber der hat uns nichts geschadet, sondern gelehrt, daß manches zwischen Himmel und Erde nicht mit Händen zu greifen ist.

Wenn das Vaterunserläuten beendet war, dann eilte ich in den Stall zu unserem Alex, um ihn für die Heimfahrt anzuschirren. Doch war dies nicht so einfach, denn Alex war kitzlig. Er war ein Kriegsveteran, der manchen Kanonendonner mit seinen beweglichen Ohren vernommen hatte, und ihn konnte so leicht nichts erschüttern. Nur auf dem Rücken war er empfindlich. Wenn man ihm das schwere Ledergeschirr auflegen wollte, so stieg er pfeilgerade in die Höhe und keilte hinten und vorne aus. Es war schon ein Kreuz für einen kleinen Buben, mit solch wildem Tier fertig zu werden. Da half nichts, als ein Stück des »Hasenbrotes« zu opfern, das man den Geschwistern mitbringen wollte. Und während Alex fraß, war er brav wie ein Lamm. Allerdings war es dann noch mal ein Kunststück, ihn vor den Wagen zu spannen, da der kleine Jagdwagen keine Deichsel, sondern nur eine sogenannte Schere hatte. Ich bin fest davon überzeugt, daß es Alex ein unbändiges Vergnügen bereitete, sich dumm zu stellen und genau neben die Schere zu treten, wenn ich glaubte, sein dickes Hinterteil endlich zwischen den beiden Holzgabeln zu haben.

Wenn wir dann gegen Mittag nach Hause kamen, mußte ich Alex ausspannen. Ach, war das ein Theater! Alex war natürlich jetzt auch hungrig, obwohl er in jedem Dorf seine Hafermahlzeit bekam. Auch schien er der natürlichen Auffassung zu sein, daß Sonntag Sonntag sei und auch für Pferde ein Feiertag. Jedenfalls zerrte er an den Sielen, trat ungeduldig hin und her, und wenn man einen winzigen Augenblick nicht aufpaßte, so sauste er zum Hoftor hinaus, die zerrissenen Siele hinter sich herschleifend.

LÄNDLICHES LEBEN

Abgesehen von den erwähnten Untugenden war Alex ein braves Tier. Da uns, vor allem vom Vater her, die Liebe zum Tier im Blut lag, hatte er es auch gut bei uns, wenngleich er ein tüchtiges Arbeitspensum zu erledigen hatte. Denn Vater hatte einen großen Teil des Pfarrackers, der sonst verpachtet wurde, selbst in Bewirtschaftung genommen. Nicht allein, um durch die Früchte des Landes seine große Kinderschar besser ernähren zu können, sondern auch, weil Vater auf dem Standpunkt stand, daß ein gutgedüngter Acker für seine Bauern auch eine Art Predigt sei.

Er hatte recht. Zuerst lächelten diese wohl über den geistlichen Eleven, der, aus der Großstadt stammend, ihnen etwas von künstlicher Düngung und winterharten Kartoffelsorten erzählen wollte. Aber als der Klee auf unserer Weide fetter und der Weizen auf dem Acker am Rohrberg höher und besser stand als der ihrige, da hörten sie auf zu lächeln und paßten auf, wie Vater es machte.

Auch der Dorfgärten nahm sich Vater an. Und als ich vor Jahren durch unser Heimatdorf wanderte, ein Fremdling, und niemand erkannte mich, da sah ich so manche seltene Pflanze und Blume in den Vorgärten der Bauernhöfe blühen, die einst in unserem Garten erste Heimstatt gefunden hatte.

Unser Garten! Terrassenförmig erstreckte er sich vom Rosenhaus hinunter an den schimmernden See, weit und fruchtbar, der wahre Garten Eden auf Erden. In seiner Mitte stand ein riesiger Birnbaum mit himmlisch-süßen, kleinen Birnen, die Vater »Graubirnen« getauft hatte. Der Birnbaum stand auf einer großen Wiese. Da Vater auch die Wiesen in seinen Fruchtwechsel einbezog, wurde diese hin und wieder gleichfalls umgepflügt und mit Kartoffeln belegt. Die Ernte war dann jedesmal ungeheuer und gab uns eine Vorstellung von dem Reichtum, den Siedler in kanadischer Wildnis oder im brasilianischen Urwald ernten mögen.

Auch standen viele Obstbäume in unserem Garten. Das war kein Wunder! Pflegte doch Vater bei der Geburt jedes Kindes zwei Obstbäume zu pflanzen, die diesem dann gehörten und nur von ihm abgeerntet werden durften. Maria zum Beispiel hatte einen Apfelbaum und einen herrlichen Süßkirschenbaum, der jedes Jahr eine Fülle schwarzglänzender Früchte trug. Da in unserem Garten sonst nur Sauerkirschen wuchsen, war die Versuchung für uns Geschwister natürlich groß, und die arme Maria mußte, wenn die Kirschen sich der Reife näherten, mehr auf die räuberischen Geschwister achten als auf Drosseln und Spatzen.

Ich bin oft in Versuchung gewesen, diese »Geburtsbäume« in Beziehung zu den kleinen Besitzern zu setzen. Denn es war eigenartig, die Bäume verhielten sich oft genau so wie ihre Eigentümer. Ich war als Kind von schwächlicher Gesundheit und kränkelte viel. Genau so ging es meinem Birnbaum, auch er wollte nicht recht gedeihen, während Bettys Apfelbaum gleich seiner derben Besitzerin vor Gesundheit strotzte und prächtige rotgelbe Früchte lieferte.

Im Garten stand auch die große Laube, ein holzgezimmertes, überdachtes Lustschlößchen, in dem wir im Sommer mitten im Grün unsere Mahlzeiten einzunehmen pflegten. Diese Laube wurde fast gänzlich ausgefüllt von einem langen, wachstuchbedeckten Tisch, der täglich etwa zwanzig Personen Platz zu bieten hatte. Denn für so viele Menschen, einschließlich Eltern, Kindern, Hausgesinde und Gästen, mußte Nahrung herbeigeschafft werden. Wahrlich keine leichte Aufgabe.

Wie gut war es daher, daß wir unsere Landwirtschaft hatten, in der wir allerdings fleißig mitarbeiten mußten. Wie oft haben wir zur Zeit der Kartoffelernte geseufzt, wenn in aller Herrgottsfrühe der Vater uns aus den Betten zum Kartoffelbuddeln holte. Oft war es früh um sechs, wenn wir in unserem blauen Kastenwagen aufs Feld ratterten, noch bitterkalt und die kleinen Hände blaugefroren. Aber da half nichts, denn wir mußten ja das Geld für unsere Weihnachtseinkäufe und -geschenke selbst verdienen. Es wurde im Akkord gearbeitet, und für jede abgelieferte »Kiepe« gab es einen Gutschein im Werte von zehn Pfennig. Da tat natürlich jeder sein Bestes, um bei der Lohnzahlung am Ende der Kartoffelernte möglichst als Fleißigster dazustehen und den klingenden Lohn entgegenzunehmen!

Wie wunderbar waren diese Herbsttage auf den noch vom Morgennebel überwehten Feldern. Während wir hinter den schwingenden Hackern auf unserer Sackschürze in den Furchen knieten und eilig die braunen Erdäpfel einsammelten, ging die Sonne auf wie eine rote Tomate und tauchte das bäuerliche Bild in geheimnisvolles Feuer. Kraniche und Wildgänse zogen über uns gen Süden, von ferne hörte man das Läuten der Glocken, ein Hundegebell, ein Pferdewiehern — sonst Stille!

Um zehn Uhr rief Vater zum Frühstück, heißem Kaffee und Speckbroten, das wir auf der Deichsel des blauen Kastenwagens sitzend verspeisten. Und ich glaube nicht, daß mir jemals eine Mahlzeit besser gemundet hat als diese bukolische Vesper. Bis zum Mittag wurde wieder hart gearbeitet, dann rumpelte das blaue Wägelchen vom Dorf her aufs Feld, und während die Mittagsglocken ihre klaren Töne durch die mit Altweiberfäden versilberte Herbstluft sandten, aßen wir Kohlsuppe mit einem tüchtigen Stück Pökelfleisch darin. Mir läuft im Gedanken daran noch heute das Wasser im Munde zusammen!

Nach kurzer Pause ging es wieder an die Arbeit, die mit einer kleinen Unterbrechung zum Verspeisen der Vesperbrote bis in die sinkende Nacht dauerte. Die Kartoffeln rumpelten in den Kastenwagen, der sich immer mehr füllte. Der Geruch frischer Erde strömte in unsere kleinen Lungen, und der Rükken schmerzte. Aber wir waren stolz, richtige Bauernkinder zu sein. Wenn wir dann beim schmalen Licht der Mondsichel unter funkelndem Sternenhimmel unsagbar müde und glücklich hoch oben auf den Kartoffelsäcken thronend ins Dorf einzogen, so hätten wir nicht mit dem Kaiser von Siam getauscht. Noch schöner war die Kornernte, wenn die Dreschmaschine summte, und die Sensen gedengelt wurden. So wie Vater im Frühjahr als Sämann mit weißer Schürze und weitausholendem Wurf über die Felder schritt, so stand er jetzt an der Spitze der Mäher und schwang die Sense wie ein Bauersmann. Und das war er ja wohl auch in seinem Herzen, denn solche Liebe und glückliche Hand für Frucht und Tier, für Sichel und Korn hat nur ein Mensch, der von Natur aus Landmann ist. So wie er als Pfarrer und Seelsorger säte und erntete, wie er als Familienvater und Lehrer seine Kinder bildete und erzog, so stellte er auch als Bauer und Gärtner seinen Mann.

Bauer und Gärtner, ja, das war Vater. Er war zutiefst eingebettet in den ländlichen Jahreslauf und lehrte uns immer wieder, nicht nur in der Geschichte der Menschheit, sondern auch in der Natur das Walten und Weben Gottes zu erkennen. Er konnte sich wie ein Kind freuen, wenn das Mandelbäumchen im Garten als erstes unter allen Bäumen seine rosa Blüten aufsteckte und der süße Duft des Frühlings die Luft durchwehte.

Da sangen wir sicher in der Morgenandacht das schöne schlesische Lied »Schönster Herr Jesu, Herrscher aller Enden« mit der beziehungsreichen Strophe:

> *»Schön sind die Wälder,*
> *schöner sind die Felder*
> *in der schönen Frühlingszeit!*
> *Jesus ist schöner,*
> *Jesus ist reiner,*
> *der unser traurig Herz erfreut.«*

Als bäuerlichem Menschen wohnte Vater aber nicht nur ein tiefes Gemüt, sondern auch eine gehörige Portion Schlauheit inne, und er rechnete, sehr zu Mutters Kummer, mit dem Pfennig. »Mon dieu«, pflegte Mutter, die als Französisch-Schweizerin bei Gemütsbewegungen unwillkürlich in die Sprache ihrer Kindheit verfiel, erschrocken zu sagen, wenn Vater ihr am Montag ein Fünfmarkstück hinlegte und meinte, das könne nun wohl ein paar Tage reichen. Das Weinen steckte ihr in der Kehle, sie wußte nur nicht recht, sollte sie lachen oder weinen.

War das ein Vergnügen für Vater, auf dem Jahrmarkt in unserer Kreisstadt mit den Händlern zu feilschen! Er kaufte ja nicht viel. Aber wenn er in seinem Schafspelz, die schwarze Fellkappe listig hinterm Ohr, den Kaufpreis eines Topfes oder Quirles um fünf Pfennige gedrückt hatte, dann strahlte er wie ein Schneekönig und spendierte jedem von uns in der nächsten Konditorei einen Mohrenkopf mit Schlagsahne. Ja, diese Jahrmarktsfahrten, das war schon etwas! Zwanzig Kilometer war es bis zur Kreisstadt, und die wurden natürlich mit Pferd und Wagen zurückgelegt. Wer mitwollte, mußte schon früh um vier Uhr aus den Federn, denn spätestens um fünf fuhren wir los.

Am Himmel standen die letzten Sterne blaß und unwirklich auf grünem Grund. Fernher meckerte eine Bekassine, ein letzter Sprosser flötete sein nächtliches Lied. Und schon schossen die Purpurstrahlen der aufglühenden Sonne über die kleinen Schläfer im Wagen; denn während Alex unverdrossen dahinzuckelte, machten wir schnell noch ein Nickerchen vor dem aufregenden Tag. Dann aber wurden wir schleunigst wach, denn jetzt kamen wir an den Wobertsee, von dem die Sage ging, daß in ihm Welse lebten — eine seltene Fischart —, die so groß seien wie Haie. Ich habe jedoch niemals einen Wels dieser Größe im See gesehen.

Vom Wobertsee aus begann eine Kette blauer Seen, von Kiefernwäldern umrahmt. Wenn wir dann schließlich an zwei uralten Wirtshäusern vorbeigerollt waren, funkelte schon in der Ferne Kreuz und Wetterfahne der Marienkirche, eines gewaltigen gotischen Bauwerks, das unseren kindlichen Seelen zum erstenmal einen Eindruck vermittelte von der Gläubigkeit vergangener Jahrhunderte. Ehrfürchtig standen wir unter den riesigen Pfeilern und Kreuzgewölben des mächtigen Kirchenschiffes und lauschten erschauernd dem dröhnenden Klang der Orgel, die unserer kleinen Dorforgel gegenüber wie das Instrument eines Riesen wirkte.

Dann aber ging es hinaus in den Jahrmarktstrubel! Und nach Vaters Motto »Anschauen kostet nichts« nahmen wir alles und jedes in Augenschein. Von Stand zu Stand, von Bude zu Bude wanderten wir und prüften eingehend, bis wir die von Vater spendierten zwanzig Pfennige in irgendeine Herrlichkeit umgetauscht hatten. Bewundernd applaudierten wir Vater, wenn er mit listigem Augenzwinkern den Preis eines ersehnten Gegenstandes für uns heruntergehandelt hatte, war es ein Windrad, ein roter Luftballon oder gar eine Mundharmonika kleinsten Formats.

Zum Mittagessen oder Kaffeetrinken waren wir dann Gäste bei irgendeiner Pfarrersfamilie, spielten im großen Pfarrgarten mit den Pfarrerskindern und sehnten uns heimlich schon nach unserem lieben Heimatdorf.

Da fällt mir eine Geschichte von Thomas ein. Als Vierjähriger war er zu Besuch bei Tante Mathilde in Berlin. Diese, Vaters älteste Schwester, Konrektorin und unverehelicht, freute sich, dem kleinen Dorfjungen die Wunder der Großstadt zeigen zu können. Nun, wohin geht man mit einem kleinen Jungen vom Lande, der nur Kühe und Schweine gesehen hat? Natürlich in den Zoologischen Garten! Zu Löwen, Tigern und Schimpansen, zu Elefanten und Dromedaren. Sie wanderten vom Löwenkäfig zum Affengehege, vom Adlerhorst zum Eisbärenbassin. Thomas verzog keine Miene. Schließlich wurde es der Tante zu dumm. »Na, Thomas, gefallen dir die vielen fremden Tiere denn gar nicht?« fragte sie. »Ach«, sagte der Kleine ungerührt, »unsere Kaninchen zu Hause sind viel schöner!«

Ähnlich ging es uns Kindern bei unserer Jahrmarktsfahrt. Alle Wunder der Welt hätten wir nicht eingetauscht gegen unser Paradies daheim, unser stilles Dörfchen am See. Und so herrschte eitel Zufriedenheit, wenn gegen Abend unser Wagen wieder in Richtung Heimat rollte, eine Kutsche voll Seligkeit und gestilltem Fernweh! Unter blinkenden Sternen glitt der Wagen durchs Hoftor, und oft mußte Mutter uns schon als Schlafende ins Haus tragen.

Einmal kehrte Johannes als Kranker von solch einer Fahrt zurück. Sei es, daß er sich den Magen an frischen Stachelbeeren verdorben hatte, sei es, daß die Krankheit schon länger in ihm steckte, jedenfalls fieberte er heftig und hatte blühende Rosen auf den Wangen, als Mutter ihn vom Wagen hob. Es ging auf Tod und Leben, und das in unserer sonst so hartgesottenen Familie, bei der Krankheit als Faulheit und Willensschwäche verpönt war! Aber Gebete, Homöopathie und Fliedertee wirkten auch hier Wunder, und schon nach wenigen Tagen war Johannes außer Gefahr.

Fasten und Schwitzen, das war die Kur meiner Eltern in Krankheitstagen. Fasten kam dem mageren Geldbeutel meines Vaters nicht ungelegen, daher machte er gern Gebrauch davon. Schwitzen wurde durch Tee aus Holunder- oder Lindenblüten und feuchte Packungen reichlich erzeugt.

Doch nicht nur bei uns Kindern vertraten die Eltern die Stelle des Arztes, denn Mutter war die Krankenpflegerin des Dorfes und Vater der »Dorfarzt«. Er hatte eine natürliche Heilbegabung, und da der nächste Arzt sechs Kilometer entfernt wohnte, wurden im Einverständnis mit diesem sämtliche leichten Fälle von Vater behandelt. Mit fortschreitender Übung dehnte er jedoch die »leichten Fälle« immer mehr aus und schreckte auch nicht vor Anwendung des Messers zurück. Unvergeßlich bleibt mir in diesem Zusammenhang eine Operation an unserer Dienstmagd, die einen dicken Karbunkel im Nacken hatte. Die Magd, von der noch die Rede sein wird, war eine unerhört kräftige Person, und Vater verzichtete daher auf eine örtliche Betäubung. Sie wurde auf einen Stuhl gesetzt, zwei starke Männer hielten ihre Hände fest, und die Operation begann. Ich habe einmal die Schlachtung eines Stieres erlebt, aber das war nichts gegen das Gebrüll, das unsere »Zweizentnermagd« ausstieß, als das ausgeglühte Skalpell in ihren Nacken fuhr. Sie schlug mit Händen und Füßen um sich, und die starken Männer kämpften wie die Löwen. Doch Vater operierte unbeirrbar weiter, schnitt und saugte Eiter ab und holte schließlich mit sicherem Griff, während die Magd aufheulte wie ein Orkan, den Eiterstock heraus. Dann wurde die Wunde mit Lindenblütentee gereinigt, eine gute Honigsalbe aufgelegt, und fertig war die Geschichte.

Geübt durch das Schneiden von Geschwüren und anderen schönen Dingen bei seinen menschlichen Patienten, begann Vater dann auch, Tiere zu operieren. Und ich muß sagen, er hatte in allem eine glückliche Hand, selbst wenn es ans Ferkelstechen ging. Eines unserer kleinen Schweine hatte sich beim Herumtollen auf dem Hof ein Bein gebrochen. Ein Metzger war nicht in der Nähe, die Leute aus dem Dorfe auf dem Felde. Da zog Vater sein langes Messer und, nachdem er das kleine Schwein zuvor durch einen kräftigen Schlag auf den Schädel betäubt hatte, stach er es kunstgerecht ab, wie ein gelernter Metzger. Jedenfalls meinte das dieser, als er ein paar Stunden später auf unseren Hof kam, um etwas in die »Armenkasse« zu zahlen.

Die »Armenkasse« war eine von Vaters Erfindungen. Sie diente dazu, daß jeder, der irgend etwas ausgefressen hatte, sei es einer von uns oder eines der Gemeindeglieder, freiwillig etwas in eine Kasse zahlte, deren Ertrag den Armen des Dorfes zugute kam. Aus der Größe des eingezahlten Geldstückes konnte Vater dann auch gleich auf die Größe des Vergehens schließen und pflegte den Sünder, der sich loszukaufen glaubte, entsprechend ins Gebet zu nehmen.

In die Armenkasse war gut, aus der Armenkasse schlecht! Denn damit umschrieb Vater in seiner blumenreichen Sprache die Prozedur, die er von Zeit zu Zeit infolge unserer Schandtaten auf unserem verlängerten Rücken vornehmen mußte. Nicht immer entsprach die Härte der Strafe der Bedeutung der begangenen Tat, denn Vater hatte eine rasche, allzu rasche Hand.

Das mußte der arme Johannes zu seinem Leidwesen erfahren. Ich hatte gerade Lateinunterricht bei Vater, und da das »amo, amas, amat« nicht recht klappte, schwankte der Rohrstock schon bedrohlich in meiner Nähe. Da sah Vater durch das offene Fenster, wie Johannes die kleine Betty an den Füßen aus dem Regenwasserbassin an der Mauer zog. Überzeugt davon, daß derjenige, der die Kleine aus dem Wasser zog, sie auch dort hineinbefördert hatte, eilte Vater wie der Sturmwind mit dem Rohrstock in der Hand aus dem Zimmer auf den Hof und legte den laut jammernden Johannes übers Knie. Erst nachdem dieser seine gestrichene Portion empfangen hatte, gelang es ihm unter Tränen, Vater klarzumachen, daß Betty allein auf den Bassinrand geklettert sei — was brachte Betty nicht fertig! — und dann natürlich mit ihren dicken Beinchen das Gleichgewicht verloren habe. Der treue Johannes hatte dies zufällig beobachtet und seinem Schwesterchen das Leben gerettet, denn Betty spuckte bereits Wasser wie ein Krokodil, was sie selbst vor Strafe bewahrte. Vater aber meinte, daß manche ungesehene Sünde von Johannes damit abgegolten sei und zeigte nicht viel Reue angesichts seines »Fehltrittes«. Mutter aber stellte empört die Säule der Gerechtigkeit wieder auf und bereitete dem unter seiner Märtyrerkrone strahlenden Johannes ein Festmahl, so daß wir herzlosen

36

Geschwister die Ansicht äußerten, Betty könne ruhig ein zweites Mal unter Johannes' Assistenz ein Bad nehmen.

Eine Tracht Prügel wirklich verdient hätte ich selbst einmal anläßlich einer Operation, die Vaters ärztliche Kunst im höchsten Licht erstrahlen ließ. Es war zur Zeit der Bohnenernte, und Vater verkündete wie üblich beim Mittagstisch das Programm des Nachmittags. Natürlich: Bohnenpflücken! Ach, und das war so schrecklich mühsam und langweilig, während meine Freunde Fritz und Willi bereits in der Scheune des Nachbarn eine zünftige Mäusejagd vorbereiteten. Gedacht, getan! Nach dem Essen schlüpfte ich flink wie ein Wiesel aus der Hintertür und flitzte durch Nachbars Garten in die große, dunkle Scheune. Dort gab es allerdings viel zu sehen. Die Mäusejagd war abgebrochen worden, denn Fritz und Willi hatten mit viel Geschick die auf der Tenne stehende Futterschneidemaschine in Bewegung gesetzt, die frisch geölt und schwarzglänzend die Zähne ihrer großen Kammräder zeigte. Lautlos glitten die Räder ineinander, und lautlos glitt mein linker Zeigefinger in ihre Fänge. Ich bemerkte es zuerst gar nicht, erst als ich den entsetzten Blick meiner Spielkameraden sah, schaute ich auf meine Hand. Ein furchtbarer Schmerz durchschnitt mich. Ich versuchte, meine Finger aus der stählernen Umklammerung zu befreien, vergeblich! Erst als Willi, der Ältere, die Räder weiterdrehte, kam mein völlig zerquetschter, blutender Finger, der nur noch an einem Nervenstrang hing, zum Vorschein. Ich schrie laut und lief in panischem Schreck schnurstracks nach Hause zur Mutter. Diese, von meinem Gebrüll alarmiert, empfing mich schon an der Tür. Als sie den Finger sah, wurde sie totenbleich, nahm mich auf den Arm und lief mit mir zu Vater ins Studierzimmer.

Da zeigte sich, wes Geistes Kind meine Eltern waren. Während Mutter das schreiende Kind in den Armen wiegte, nahm Vater eine blitzscharfe Schere, warf sie in kochendes Wasser, zog sie wieder heraus und trennte mit raschem Schnitt das verstümmelte und zerquetschte Glied von der Hand. Dann legte er fachgerecht einen Verband an, und schon wenige Minuten später, schneller als in jedem Operationsraum der Welt, schlummerte ich unter der Wirkung eines Schlafmittels in meinem weißen Bettchen.

Erst gegen Abend kam der Arzt, der, nachdem er von Vater telefonisch unterrichtet worden war, meinte, daß man die Sache nun nach erfolgter Operation wohl als einen »leichten Fall« betrachten könne, sich die Wunde eingehend besah, Vater »Herr Kollege« nannte und meinte, daß er die Operation ausgezeichnet gemacht und mir eine Blutvergiftung erspart habe. Aber leider sei der Knochen des Fingerstumpfes zersplittert, so daß er morgen noch einen Teil des Fingers abnehmen müsse.

Diese Operation werde ich nie vergessen! Nicht allein, weil sie natürlich auch sehr weh getan hat, sondern wegen der Art der Narkose, die ich von Frau Doktor erhielt.

Der Doktor war ein richtiger Landarzt. Grob, geradeaus, ehrlich, aber ein guter Arzt. Kurz, ein Mann nach Vaters Herzen. Da der Doktor von modernen Betäubungsmitteln nicht viel hielt, nahm er in die eine Hand die blinkende Zange, in die andere eine Tafel Schokolade, für uns Dorfkinder geradezu eine Kostbarkeit, und fragte mich mit fröhlichem Blinkern der hellen Augen, ob er nun operieren könne. Da ich bereit war, für eine solche Herrlichkeit meine Seele hinzugeben, und Vater mir außerdem für ehrenvolles Abschneiden, im doppelten Sinne, bei der Operation eine neue Mütze versprochen hatte, begann ich die Sache mit dem Finger für einen Glücksfall zu halten und akzeptierte das Angebot. Ich muß damals Nerven aus Stahl besessen haben. Denn während ich den Mund voll Schokolade stopfte, zwickte mir der Doktor ohne vorherige Ankündigung den Rest meines Fingers ab. Daß Frau Doktor als Assistentin augenblicklich eine braune Soße ins Gesicht bekam, war wohl bei dieser Operation unter »Schokoladenarkose« kein Wunder. Aber der Finger war ab, da half kein Brüllen mehr. Als wir dann unserem Dorf zurollten, ich mit der neuen Mütze auf dem Kopf, da war der Schmerz schon fast vergessen, wenn ich auch später beim Baden der Wunde in Seifenwasser noch manche Träne vergossen habe. Es war meine erste Mütze, und ich grüßte sogar die Hühner am Wege.

Da war Vaters Rohrstock doch noch eine mildere Zuchtrute. Ach, dieser Rohrstock! Er hat uns Kindern manchen Tanz aufgespielt. Denn eine Schar von elf Kindern läßt sich nicht nur mit guten Worten regieren. Und steht nicht auch in der Bibel: »Wer seine Rute schont, der haßt seinen Sohn; wer ihn aber lieb hat, der züchtigt ihn bald«? Sagt nicht die Weisheit der alten Griechen: »Der Mensch, der nicht geschunden wird, wird nicht erzogen«?

Nun, ich bekenne offen, daß ich dennoch kein Anhänger der Prügelstrafe bin. Vater war aber leider anderer Ansicht, und jedes Vergehen zog unweigerlich und unerbittlich harte Strafen nach sich. Aber wenn ich so zurückdenke, was wir alles angestellt haben, so erscheinen mir meine Kinder als brave Engel. Oder sollte sich nur die Perspektive verschoben haben? Nehmen wir heute auf Grund der psychologischen Forschung und modernen Erkenntnisse der Pädagogik manches nicht mehr so tragisch wie unsere Eltern? Sei dem, wie es sei, wir hatten uns mit dem Kapitel Rohrstock abzufinden, und geschah es auch nur dadurch, daß wir uns das verlängerte Rückgrat vorsorglich auspolsterten. Auf jeden Fall war es

Ehrensache, schon vor der Strafvollstreckung wie am Spieß zu brüllen, wenn Vater der rächende Teil war, während, wenn Mutter uns ausnahmsweise einmal übers Knie legte, stets gelacht wurde, auch wenn es noch so weh tat.

Der Urheber der Prügelpädagogik in unserer Familie war eigentlich Vaters Superintendent, genannt »Onkel Paul«. Dieser überreichte Vater anläßlich der Taufe des dritten Jungen feierlich einen bildschönen biegsamen Rohrstock, indem er mit seiner tiefen Baßstimme dröhnte: »Hier, lieber Amtsbruder, ist der Taktstock für Ihr Orchester!«

Nun, der Taktstock hat seine Schuldigkeit getan, bis er schließlich bei einem heimlichen Aufstandsversuch der Unterdrückten schwere Brandschäden erlitt und in zwei Stücke zerbrach. Die Jüngeren unter uns Geschwistern kannten dies Vollstreckungsinstrument fast nur noch vom Hörensagen. Es ist eben wie im Leben oft: Nur neue Besen kehren gut!

Es könnte nun der Eindruck entstanden sein, daß Vater ununterbrochen damit beschäftigt gewesen sei, uns übers Knie zu legen. Das stimmt natürlich nicht. Dazu hatte er viel zuviel Humor und Güte, wenn auch sein Amt ihm eine Würde verliehen hatte, die ihn nie verließ. Wie konnte er lachen, wenn er uns eine der »Swinegelgeschichten« vorlas von Max Lindow, einem uckermärkischen Heimatdichter, dessen Geschichten und Gedichte in niederdeutscher Mundart mir noch heute treue Begleiter sind.

Weniger lachte er über das Stückchen, das Stefan und Benjamin, die beiden Kleinsten, sich einmal geleistet haben. Da waren die Maurer bei uns gewesen und hatten im Dachgeschoß die Mansarden neu hergerichtet. Das war natürlich etwas für die Kleinen. Mit offenem Munde standen sie dabei, als die Maurer den alten Verputz herunterschlugen und mit der Kelle den neuen an die Wand warfen. Sie waren sofort entschlossen, einen Berufswechsel vorzunehmen und nicht mehr Zuckerbäcker, sondern Maurer zu werden.

Als die Männer am späten Nachmittag Feierabend machten und ihr Handwerkszeug auf dem Boden zurückließen, um tags darauf das nächste Zimmer herrichten zu können, beschlossen die beiden Kleinen, sofort mit der Lehrlingszeit zu beginnen. Sie holten sich Spitzhacken und Maurerkellen nebst Zubehör und begannen, so, wie sie es gesehen hatten, den Verputz im frisch hergerichteten Zimmer herunterzuschlagen. Sie machten ganze Arbeit, das mußte man ihnen lassen. Kein Maurer der Welt hätte sie gründlicher verrichten können. Vater standen jedenfalls die Haare zu Berge, als er abends nach oben ging, um sich das neue Zimmer anzusehen.

Die Strafe hierfür fiel jedoch gelinde aus, denn die Buben hatten ja bewiesen, daß sie arbeiten wollten, und das wurde immer respektiert. Schlimmer war es schon, wenn Naschkatzen und Strauchdiebe auf frischer Tat ertappt wurden. Denn unser Garten enthielt viele Sträucher und Bäumchen mit köstlichen Früchten, die auch den Kleinsten erreichbar waren. Aber was sollte man dazu sagen, wenn Thomas und Gerald mit kirschroten Mäulern aus dem Garten kamen und eisern versicherten, keine Früchte gestohlen zu haben. Sie wurden auf Grund Indizienbeweises standrechtlich verurteilt!

Nicht besser erging es Georg, als er mit einer gekrümmten Stecknadel unwahrscheinliches Anglerglück entwickelte. Unterhalb unseres Gartens begann der blauschimmernde Dorfsee. Für uns Kinder ein Meer der Wonne und Freude, in dem wir schwammen, fischten und auf ausgehobenen Türen, die mit allen Finessen altägyptischer Pyramidenbautechnik auf Rollen zum Wasser befördert wurden, halsbrecherische Kahnfahrten unternahmen. Außer dem Schwimmen war natürlich unser lebensgefährliches »Kahnfahren« und das Fischen ver-

boten! Die Fischereirechte an diesem See hatte der Fischer-
meister des Ortes, der zudem auch Fischer hieß. Nachdem jedoch Georg einmal gesehen hatte, wie Meister Fischer mit
seinen Knechten beim jährlichen Netzfischen große Mengen
blitzender Fischleiber ans Licht der Sonne beförderte, ließ ihm
dies Problem keine Ruhe mehr, und er wollte wenigstens mit
der Angel sein Glück versuchen.

War es nun so, daß Georg durch seinen Umgang mit Hüh-
nern und Gänsen in frühester Jugend die Zuneigung aller
Tiere erworben hatte, sei es, daß bei Georgs Fischzug Gewitter-
schwüle herrschte, wo die Fische bekanntlich gut beißen, jedenfalls war es, als sammelten sich an dem kleinen Steg, von wo
Georg seine Stecknadel an einem Zwirnsfaden ins Wasser
warf, alle Fische des Sees. Und jeder wollte der erste sein, der
von Georgs unwaidmännischem Anglergerät ans Ufer ge-
schleudert werden wollte.

Ich habe später noch oft mit Georg zusammen sportgerecht
gefischt. Aber wir waren uns einig darüber, daß Anglergerät
und Anglerglück zwei grundverschiedene Dinge sind. Grü-
belnd haben wir oft auf den Korken der Hechtangel ge-
blickt, wenn er still und ohne Zucken auf dem Wasserspiegel
schwamm, und an den denkwürdigen Tag gedacht, als Georg
nicht genug Regenwürmer finden konnte, um die lebensüber-
drüssigen Fische an die Stecknadel zu bekommen.

O GLÜCK DER ERDE

Ja, der See hatte es uns angetan mit seinem schimmernden Blau im Sommer, den grau dahinjagenden Schaumkronen im Herbst und der schwarzspiegelnden Eisfläche im Winter. Und wenn im Frühjahr dröhnend die Eisfläche barst, dann stieg das Hochwasser oft bis in unseren Garten, und im Keller schwamm das Waschfaß munter zwischen den Kartoffeln einher.

Aber kaum konnte man den Zeh ins Wasser stecken, ohne mit den Zähnen zu klappern, bestürmten wir die Eltern um Badeerlaubnis. Eines Tages kam dann endlich der ersehnte Morgen, an welchem Vater uns in aller Frühe weckte und einen Preis aussetzte für den, der als erster im Wasser plansche. Nun, das brauchte man keinem von uns zweimal zu sagen. Mutter meinte, sie wundere sich nur, daß wir nicht mit Schwimmhäuten an den Füßen geboren seien. O Wasser, Wasser, unsere Lust!

Wer hatte es aber auch so bequem wie wir? Mit Halli und Hallo jagten wir den Gartenweg hinunter zum See, und ehe Vater bis sieben gezählt hatte, jauchzten und sprühten elf kleine Delphine im quirlenden Wasser. Natürlich gab's auch Schwimmunterricht (eins — zwei — und drei), denn keine Gelegenheit zum Unterrichten ließ Vater sich entgehen. Aber im allgemeinen lernten wir einer vom anderen. Keiner wollte sich beschämen lassen, keiner als wasserscheu den Spott der Geschwister auf sich ziehen.

So sind wir später allesamt große Schwimmer geworden, und mancher Lorbeerkranz schmückte unsere jungen Schläfen. Ich erinnere mich an ein Schwimmfest, bei welchem sämtliche Preise von unserer Familie gewonnen wurden. Georg war ein gewaltiger Taucher, er tauchte über fünfzig Meter, man wußte nie, ob er überhaupt wieder hochkam. Ich selbst war als Crawler und Kunstspringer später höchstens von Gerald und Stefan zu schlagen. Thomas und Maria waren famose Brustschwimmer, und Evas gertenschlanker Körper tauchte spritzerlos wie ein Pfeil vom Sprungturm ins Wasser. Der kleine Benjamin konnte eher vom Sprungbrett springen als schwimmen. Er pudelte wie ein Hund zum Ufer, schniefend und prustend, seine abstehenden Öhrchen lagen wie kleine Seerosenblätter auf dem Wasser, während Betty als »Scherzspringerin« ihre Begabung als Komikerin unter Beweis stellte.

Mutter, von Jugend an durch einen bösen Sturz hinkend, ging niemals schwimmen. Sie begleitete uns nur manchmal getreulich wie eine Glucke ihre Entlein und schaute besorgt unseren verwegenen Wasserkünsten zu. Vater aber war ein großer Schwimmer; für seine Generation, in der man von Sport und Leibesertüchtigung nicht viel wissen wollte, eine beachtliche Tatsache.

Einmal aber hatte Vater einen großen Heiterkeitserfolg als

Badegast zu verzeichnen, und zwar in der prächtigen Bade-
anstalt seiner letzten Gemeinde. Ich stand mit Georg und
dem Schwimmeister Fritz auf der weit in den See hinausge-
bauten Sprunganlage. Wir sonnten uns und blickten schläfrig
auf die am Ufer aufsteigende Terrasse, die mit ihren rauschenden Kiefern und Eichen, den roten und blauen Sonnen-
schirmen, unter denen zahlreiche Badegäste ihren Kaffee tran-
ken oder Vanilleeis verzehrten, einen fröhlichen Anblick bot.
Da stieß Fritz mich an. »Dein Vater«, sagte er. Richtig, Vater
war soeben aus den Badekabinen gekommen und stieg nun,
freundlich nach allen Seiten grüßend, die Terrasse hinab.
Aber im Gegensatz zu sonst, wo die Leute Vater wegen der
Würde seines Amtes fast feierlich zu begrüßen pflegten —
wußten sie doch alle, wie ernst Vater seine Pflichten als Seelsorger und Christ nahm —, erhellten sich diesmal die Gesichter
zu einem sonnigen Lächeln. Und alle riefen strahlend ihr
»Grüß Gott, Herr Pfarrer!« Wir sahen uns an. Da stimmte
irgend etwas nicht. Und als der Vater auf die Brücke kam, da
sahen wir auch den Grund der Heiterkeit — in Vaters maleri-
schem schwarzem Trikot fehlte leider ein beträchtliches Stück
der Hinterfront, das wohl trauernd an einem Nagel in der
Badekabine wehte!
Nun, dieser Vorfall hat Vaters Beliebtheit keinen Abbruch
getan, vor allem, weil er wie ein großer Schauspieler, ein
weißes Badetuch als Toga über die Blöße gebreitet, gelassen
die Stufen der Terrasse wieder hinanstieg, freundlich für den
Applaus bei dieser Sondervorstellung dankend.
Freunde aus Ecuador, Kinder einer uns befreundeten Diplo-
matenfamilie, die jetzt wieder in den Staaten wohnen, haben
unsere Schwimmkünste einmal gefilmt. Dabei wollte Gerald,
acht Jahre alt, vom Ehrgeiz geschüttelt, einen vollendeten
Salto vorführen. Beim erstenmal fiel er mit dem Rücken aufs

Wasser, die nächsten sechs Mal auf den Bauch. Immer wieder kletterte der kleine Kerl auf das Sprungbrett, sprang wie ein Gummiball in die Luft, drehte sich wie ein Kreisel und fiel unweigerlich auf den Bauch, der schließlich rot war wie eine Tomate. Wir mußten Gerald endlich mit Gewalt von weiteren Kunststücken zurückhalten, sonst wäre sein Bauch womöglich noch geplatzt.

Bei der Filmvorführung im Familienkreise gab es übrigens donnernden Beifall, wenn Mario, der Vorführer, uns staunenden Landkindern den alten Trick servierte, den Film rückwärts laufen zu lassen. Offenen Mundes sahen wir, wie die in der Sonne blitzende Wasserfläche sich plötzlich kräuselte und stürmisch wogte, um, mit den Füßen zuerst, Georg, Christian oder Eva dem feuchten Element entsteigen und nach kühnem Flug graziös auf dem Sprungbrett landen zu lassen.

Einen gleich kühnen Sprung wollen wir jetzt in die Winterszeit tun, wenn grimmiger Frost den See mit spiegelndem Eis bedeckte und große Schneeflocken auf Äcker und Wälder herniederschwebten. Dann konnten wir es kaum erwarten, bis die Eisdecke stark genug war, um die Vorführung unserer Eiskünste zu ermöglichen.

Man glaube nun ja nicht, daß sich diese auf Schwünge und Sprünge auf blinkenden Schlittschuhen beschränkte. Zudem blinkten unsere Schlittschuhe keineswegs, hatten auch keine »Säge« oder ähnliche Kunstlauffinessen, sondern waren in der Mehrzahl alte, verrostete Dinger, die wir, wie so vieles andere, geschenkt bekommen hatten. Uns aber genügten sie, denn uns kam es mehr auf die Schnelligkeit als auf die Schönheit des Laufes an. Und diese erzielten wir in harten Wettkämpfen mit der Dorfjugend, die allerdings gleich uns den »Pikschlitten« bevorzugte. Das war ein kleiner, niedriger Holzschlitten, der gerade für die Füße des darauf Stehenden Platz bot. Mit einem mit eiserner Spitze versehenen Stecken stießen wir uns hinterwärts kräftig auf dem Eis ab und erreichten bei entsprechender Gewandtheit — und die hatten wir — eine unvorstellbare Geschwindigkeit. Wir flogen nur so über das Eis.

Es war selbstverständlich, daß wir nur wenig Lust hatten, die kleinen Geschwister auf dem Rodelschlitten übers Eis zu ziehen und zu beaufsichtigen, damit sie nicht in eines der mit einem Strohwisch gekennzeichneten Löcher fielen, aus denen Meister Fischer beim Eisfischen seine Schleie holte. Aber mein Freund Fritz war ein gutmütiges Schaf und unterzog sich willig dem Dienst als Schlittenpferd. Geduldig trabte er vor dem Schlitten, auf dem Betty, Thomas und Eva saßen, angefeuert von Bettys Kutscherpeitsche, während ich mit dem Pikschlitten über den See stakte.

Plötzlich ein vielstimmiger Schrei! Fritz hatte eines der Eislöcher übersehen, und schon schwamm der hölzerne Schlitten mit seinen sich krampfhaft festklammernden kleinen Reitern im Wasser. Fritz, von Entsetzen gepackt, ließ spornstreichs die Leine los und lief davon. Ein schreckliches Unglück schien sich anzubahnen. Da sausten Georg von der einen und ich von der anderen Seite des Sees in rasender Fahrt auf unseren Pikschlitten herbei. Ich erreichte die Unglücksstätte als erster. »Haltet fest«, schrie ich und ergriff die Leine. Und schon war Georg heran, und wir zogen die vor Angst und Nässe schlotternden Geschwister aufs rettende Eis. Dann ging es im Dauerlauf nach Hause, wo Mutter, ohne ein Wort zu sagen, den Verunglückten die frostharten Kleider vom Leibe zog, während schon das Wasser für die Wärmflaschen und den rettenden Fliedertee brodelte; und ehe die drei klappernden Jammergestalten bis drei zählen konnten, lagen sie zitternd im Bett.

Georg und mir erging es allerdings schlecht. Man pries uns

nicht als Lebensretter, denn daß wir unsere kleinen Geschwister nicht wie die Katzen ersaufen ließen, hielt man für selbstverständlich, sondern Vater zog schweigend seinen Rohrstock vom Regal und verabreichte uns eine gesalzene Tracht Prügel für Verletzung der Aufsichtspflicht. Diesmal nahmen wir das Urteil schweigend entgegen.

Als wir bei der Abendandacht das Lied sangen: »Breit aus die Flügel beide, o Jesu, meine Freude, und nimm dies Küchlein ein; will Satan uns verschlingen, so laß die Englein singen, dies Kind soll unverletzet sein«, da sangen Georg und ich so kräftig mit, daß Vater uns ernst und mahnend anblickte und leise mit dem Kopf nickte.

Aber auch Vater war gegen Unglück beim Wintersport nicht gefeit. Da war unser Hund Prinz, der Vorläufer des frommen Molli, von dem später noch manches zu sagen sein wird, ein starker Dorfköter mit nie zu stillendem Gelüst nach Hühnerfleisch. Scheinbar schlafend lag er vor seiner Hütte an der Kette und blinzelte mit den Augen. Kam dann eines der Hühner in seine Reichweite, so war es um das arme Tier geschehen. Mit jähem Satz und Biß blies Prinz dem Hühnchen das Lebenslicht aus. Zwar bekam er in solchen Fällen den Rohrstock zu schmecken, aber es nützte nicht viel. Er war ein Gewohnheitsverbrecher und wurde immer wieder rückfällig.

Eines schönen Wintertages nun kam Vater auf den Gedanken, Prinz als Vorspann für unseren Rodelschlitten zu benutzen, auf dem vier Kinder Platz hatten. Prinz bekam ein Hundegeschirr angelegt und wurde vor den Schlitten gespannt, Johannes, Margrit, Betty und Thomas nahmen Platz, Vater nahm die Leine in die Hand, und fort ging es in den stiebenden Schnee hinaus, die Dorfstraße entlang. Ei, wie lachte die Sonne auf den weißen Schneehauben der Bauernhäuser und den schimmernden Eiszapfen an Bäcker Feuersteins Dachrinne! Wie strahlten die Gesichter von Thomas und Betty, während Margrit und Johannes sich ängstlich an den Schlitten klammerten. Prinz warf sich wie ein edler Traber in die Sielen, daß der Schlitten nur so dahintanzte. Immer schneller wurde die Fahrt, und unser »Pferd« schien mit seinen listigen Hundeaugen zu fragen: »Wie lange hält es der Herr Pastor noch aus?«

Alles wäre gut gegangen, denn Vater hatte Prinz und Schlitten fest in der Hand und raste wie ein Sprinter nebenher. Die Mitte des Dorfes war erreicht, das Armenhaus in sausender Fahrt passiert. Da geschah es. Ein kleines Hühnchen hatte sich vorwitzig aus Bauer Mohrs Hof auf die Straße gewagt und pickte vergnügt die Körner aus einem dampfenden Haufen Pferdeäpfel. Das war zuviel für Prinz' schwache Magennerven! Mit fürchterlichem Satz schoß er auf das aufflatternde Hühnchen zu, das entsetzlich kreischend um sein Leben rannte. Aber Prinz schnappte es. Denn Vater war bei dem Panthersprung des Hundeviehs hingefallen und hatte die Leine verloren.

Da war's mit dem Pferdeschlitten besser. Der große, braune Schlitten wurde aus der Remise geholt, und der übermütig tänzelnde Alex polterte aus dem Stall. Mutter packte Fußsäcke, Wärmflaschen und Decken in den Schlitten, der dann schnell und lautlos mit uns über die weißen Felder schwebte. Hell klingelten die Glöckchen an Alex' Sielen. Ein Fuchs strich über die Eisdecke des Baches. Ein brauner Mümmelmann saß am Weg und stellte die Löffel in die Höhe. Sonst war es kirchenstill.

Im Wald stiebte der Schnee glitzernd von Fichten und Kiefern. Ein Eichelhäher lärmte. Vom See her dröhnten hin und wieder Böllerschüsse der frostklirrenden Eisdecke. Ein Reh jagte in langen Fluchten über unseren Weg. Alex schnaubte und warf

den Kopf. Wir Kinder kuschelten uns in unsere warmen Fußsäcke und zogen die Decke bis ans Kinn. Vater wippte leicht
mit der Peitsche und schnalzte mit der Zunge. So fuhren wir
dahin. Und mit uns fuhr das goldene Rad der Sonne, sprühte
das Licht durch die schneeglitzernden Zweige, bis es in rotem
Schimmer verglühte.

Wenn dann die ersten Sterne am blassen Firmament erglom-
men, wendete Vater den Schlitten und fuhr heimwärts. Wir
aber begannen leise vor Glück zu singen »Weißt du wieviel
Sternlein stehen«, »Der Mond ist aufgegangen« oder Paul
Gerhardts herrliches Abendlied »Nun ruhen alle Wälder«,
auch wohl das alte Nürnberger Lied »Lob Gott getrost mit
Singen« mit Gottfried Kinkels volkstümlichen Versen »Es ist
so still geworden, verrauscht des Abends Wehn«.

Mutters herrliche Stimme schwang sich wie ein Vogel durch
die klare Abendluft, Vaters Tenor sekundierte, Margrits und
Bettys Stimmen klangen wie kleine Glocken, und herzbewegend tönte es hinauf zum Himmelszelt:

> »Nun stehn im Himmelskreise
> die Stern in Majestät;
> in gleichem, festem Gleise
> der goldne Wagen geht.
> Und gleich den Sternen lenket
> er deinen Weg durch Nacht.
> Wirf ab, Herz, was dich kränket
> und was dir bange macht!«

Es gibt kaum etwas, was ich diesen winterlichen Fahrten an
die Seite stellen kann, es sei denn: das Reiten! O Glück der
Erde auf dem Rücken der Pferde! Dieses alte arabische Sprich-
wort drückt vollkommen aus, was wir als Kinder empfanden,
wenn das warme Maul eines Pferdes ein Stück Brot von

unserem Handteller knabberte oder gar ein Stück Zucker. Fast ehe wir laufen konnten, saßen wir auf dem Rücken der sanften Senta oder des kitzligen Alex, die kleinen Beine an den Flanken des Pferdebauches. Die klugen Ohrentüten vor uns stellten sich aufrecht, als warteten sie auf einen Befehl. Manchmal lief ein vibrierendes Zucken über das seidigglänzende Fell — ein Schnauben, ein Kopfnicken, die Nüstern blähten sich, in die Morgenluft witternd. Vater oder unser treuer Knecht Gustav führten Pferd und Reitersmann im Kreise umher. Stolz thronte dieser auf dem breiten Pferderücken und hätte kein Königreich gegen solches Glück eingetauscht.

Bald aber ritten wir schon allein hinaus aufs Feld, den blauen Kastenwagen hinterdrein, um Grünfutter zu holen oder unseren Mädchen beim Unkrautjäten und Hacken das Mittagessen hinauszubringen. Meist fuhr man in unserem Dorf zweispännig oder »viere lang«, nämlich zweimal zwei Pferde hintereinander. Vierspännig zu fahren galt als hohe Kunst, die uns Kindern nicht gestattet wurde. Höchstens konnten wir auf dem »Handpferd« mitreiten, dem Pferd rechts neben dem Sattelpferd, das den Rosselenker trug.

Ich war vier Jahre alt, als unser Knecht Gustav mich zur Erntezeit einmal aufs Handpferd hob. Es war die Zeit des »Einfahrens«, wo der goldene Erntesegen auf großen, hochbeladenen Leiterwagen draußen vom Feld in die mächtigen Scheunen eingebracht wurde. Zwei Wagen waren immer gleichzeitig unterwegs, und während der eine von Stiege zu Stiege fuhr und sich die goldenen Garben immer höher auf ihm türmten, ratterte der andere schon durchs Scheunentor, um in größter Schnelligkeit entladen zu werden.

Das war nicht nur wegen des in meiner Heimat üblichen zügigen Arbeitstempos so eingerichtet, sondern vor allem im

Hinblick auf die gerade während der Erntezeit bei uns häufigen schweren Gewitter. Und das Korn mußte doch trocken in die Scheuer kommen, sonst wurde es schwarz und faulte.

Auch heute standen schon dunkle Wolken am Horizont, schwarz mit schwefelgelbem Rand. Hin und wieder zuckte ein Wetterleuchten über die Wolkenwand. Wir mußten uns beeilen. Kaum waren wir zum Hoftor hinaus, knallte Gustav mit der Peitsche über alle vier Pferde hin, hob sich leicht im Sattel, und fort ging es im Galopp. Ich hockte ohne Sattel wie ein Äffchen auf dem Handpferd, hielt mich krampfhaft an den Ringen des Ledergeschirrs fest und flog wie ein Gummiball auf und nieder.

Zuerst machte es mir Freude. Ich dachte, was wohl Vater sagen würde, wenn er mich hier im Galopp dahinsprengen sehen würde. Gustav in seinem Ledersattel nickte nur ab und zu wohlwollend zu mir herüber, schaute dann wieder besorgt auf die sich immer höher schiebenden Wolkentürme und knallte erneut mit der Peitsche. Wir brausten nur so dahin.

Endlich waren wir auf dem Feld angelangt. In größter Eile wurden die letzten Garben mit der langen Gabel auf den Wagen gestakt, wo sie von fleißigen Händen in Empfang genommen und geordnet wurden. Schon war das letzte Fuder fertig, und jetzt hieß es, die goldene Fracht trocken in die schützende Scheune zu bringen.

Ich saß noch auf dem Handpferd und rutschte nur manchmal hin und her, denn mir war nun recht unbehaglich zumute. Als wir losritten, schien mir der seidig-schimmernde braune Rücken meines Pferdes glatt wie eine Tenne, jetzt spürte ich deutlich, daß unter dem weichen Fell ein knochiges Rückgrat lag, das mich langsam zu zerschneiden begann. Voll Entsetzen dachte ich an die Geschichte von jenem Türken, der, von einem tapferen Ritter in Stücke zerhauen, in zwei wohlgeformten Hälften vom Pferde fiel. Da knallte Gustav wieder mit der Peitsche, und fort ging es wie die Feuerwehr!

Obwohl der Wagen nun beladen und schwerer war, schienen auch die Pferde zu wissen, daß es jetzt darauf ankam. In gewaltigen Sprüngen, Schaum vor den Mäulern, jagten sie dahin wie die Pferde der Apokalypse, jedenfalls schien es mir so.

Vor allem mein Gaul tat sich hervor. Er schien es geradezu darauf angelegt zu haben, mich zu martern. Jeder Sprung, jeder Satz brachte mich der Gefahr der Zweiteilung näher. Manchmal war ich in Versuchung, die kleinen Hände aus den Ringen zu lösen und mich vom Pferde fallen zu lassen. Dann aber fragte Gustav: »Na, ist's schön, Christian?« — »Ja, jawohl«, stotterte ich mit weißen Lippen.

Endlich der Hof! Unter dem Dröhnen des ersten Donnerschlages jagten wir zum Hoftor hinein. Die Ernte war geborgen. Gustav hob mich vom Pferd, ich konnte mich kaum rühren. Mit wankenden Knien und krummen Beinen schlich ich in mein Zimmer und kroch ins Bett. Mein Hinterteil brannte wie Feuer. O Glück der Erde auf dem Rücken der Pferde! Da half nun keine Homöopathie und kein Fliedertee. Ein ganzer Tiegel Hirschtalg mußte geopfert werden, um den wunden kleinen Reitersmann wieder herzustellen.

Da ritt es sich im Sattel doch besser. So herrschte bei uns sieben Buben stets eitel Freude, wenn Elsbeth, die Tochter eines Gutsbesitzers, auf ihrem dicken Pony zum Konfirmandenunterricht geritten kam. Wenn Elsbeth sich dem Dorfe näherte, hatte unser Posten sie bereits erspäht und meldete durch einen Trompetenstoß das Nahen des Opferlamms. Ja, anders kann ich das Pony kaum bezeichnen. Was das arme Tier, das unter den sanften Händen seiner Herrin sich nur selten zu einem gelinden Trab verstieg, in den zwei Stunden

erleiden mußte, die Elsbeth im Konfirmandenunterricht verbrachte, ist mit Worten kaum zu beschreiben.

Das Opfer schien sein Schicksal auch zu ahnen. Denn sobald
Elsbeth sich dem Dorfe näherte, versuchte das Pony beharrlich, dieses zu umgehen. Aber da half nun nichts. Mit trium-
phalem Indianergeschrei wurden Reiterin und Pferd von einer
Horde Dorfjungen unter unserer Führung empfangen. Tagelang vorher schon war jede Minute der kurzbemessenen Zeit
von zwei Stunden gegen entsprechende Gegengaben, einen
bunten Stein, eine seltene Feder, ein Bildchen aus dem Kindergottesdienst, von uns vermietet worden.

Daß wir natürlich als erste unser Reitpensum absolvierten,
war sonnenklar. Start und Ziel war der Dorfanger. Wenn das
Pony die Ohren hängen ließ und sich weigerte, stand bereits
der Antreiber hinter ihm, um es mit listigen Kniffen in
schnellere Gangart zu versetzen. Schließlich ergab sich das
arme Tier und preschte mit dem Mute der Verzweiflung die
Dorfstraße entlang, zum Dorf hinaus bis zum Kreuzweg. Dort
wendete der jeweilige Cowboy, um die gleiche Strecke noch
einmal zurückzulegen. Der nächste Anwärter wartete bereits
ungeduldig, und jede Zeitüberschreitung wurde unnachsichtig
geahndet.

Zuletzt geriet das Pony, dessen sanfte Augen uns mit un-
aussprechlichem Vorwurf zu betrachten schienen, in solche
Ekstase, daß es nur noch mit Mühe zu bändigen war und ich
selbst einmal beim Versuch, am Kreuzweg zu wenden, in voller Karriere in ein Haferfeld hineinpreschte, zum sehr geringen
Vergnügen des dort arbeitenden Besitzers.

Armes Pony, sei bedankt! Wieviel Pfund du auch bei diesen
Gewaltritten abgenommen haben magst, unzähligen Kinder-
herzen hast du eine Vorahnung der Seligkeit des edelsten
Sports zu schmecken gegeben.

Da wir schon bei den Pferden sind, möchte ich noch die Geschichte vom »Uckermärkischen Sattelpferd« erzählen.

Eines Tages kam Vater mit geheimnisvoller Miene von einer Reise zurück und sagte: »Kinder, ich habe ein Pferd von der ältesten Rasse der Welt gekauft, ein uckermärkisches Sattelpferd!« Er gab der Vermutung Ausdruck, daß diese Pferderasse bereits in der Steinzeit unseren Vorfahren als Haustier gedient habe. Karl der Große sei auf einem solchen Pferde in die Schlacht geritten, und die alten Germanen hätten bei ihren schlimmen Opfermählern sich ein Beefsteak à la Tatar daraus bereitet.

Das Pferd kam. Es war eine dürre Mähre mit schiefem Blick, und es erwies sich, daß Vater es fast geschenkt erhalten hatte. Der Vorbesitzer, ein stets lustiger Amtsbruder meines Vaters, hatte die Vorzüge dieses Tieres nicht genug rühmen können. Nun ja, es habe auch seine Eigenarten. »Aber zeigen Sie mir Tier oder Mensch, lieber Bruder, die keine Eigenarten haben. Es bleibt zuweilen stehen ohne ersichtlichen Grund. Nun, dann lassen Sie es stehen und warten, bis es wieder zu laufen beginnt. Wir haben ja Zeit hier auf dem Lande!« So sprach dieser Amtsbruder listig. Er tat ja nichts Unrechtes. Seht, er nahm kaum einen Heller für das Pferd. Eitel Güte und Freundlichkeit!

Die erste Ausfahrt werde ich nie vergessen. Bereits beim Anschirren erwies es sich als äußerst schwierig, das knochige Gestell in die Schere zu bekommen, das seinen Namen offenbar von einer sattelähnlichen Mulde auf dem Rücken herleitete, die hinter einem Höcker lag, wie ich ihn nur noch bei Kamelen gesehen habe. Vielleicht war es tatsächlich eine Art Kamel, denn seine Eigenwilligkeit war unübertrefflich.

Nachdem es unseren vereinten Kräften gelungen war, das Biest zwischen die Holzgabeln zu schieben, stiegen wir auf den Wagen. Mutter blickte mißtrauisch auf das Pferdekamel und meinte: »Ob wir wohl bis zum Mittagessen ankommen werden?« Es war früher Morgen. Mein Vater machte ein gekränktes Gesicht. Wie konnte Mutter sein schönes Pferd so beleidigen!

Wir fuhren los. Vater hielt die Zügel, Georg die Peitsche. Ich hatte mir einen Stock besorgt, für alle Fälle! Und das war gut so. Kaum waren wir zum Dorf hinaus, blieb das Pferd stehen. Nicht plötzlich, beileibe nicht! Ganz langsam vergaß es gewissermaßen die Beine zu heben. Offenbar war es sich nicht im klaren, in welcher Reihenfolge es seine außergewöhnlich langen Stelzen marschieren lassen sollte. Es blieb vorsichtshalber stehen und überlegte. Wir saßen geduldig und warteten. Die weißen Wolken zogen, eine Lerche sang, es war idyllisch!

Schließlich stieg Vater vom Wagen und ging nach vorne. Tatsächlich, das Vieh schlief! Es schlief mit offenen Augen und starrte mit wesenlosem Blick ins Weite. Belauschte es sein Innenleben? Aber schließlich war Vater kein Seelsorger für Tiere. Daher versetzte er ihm einen leichten Schlag mit der Hand und zog am Halfter. Das Pferd erwachte, blickte Vater aus schiefen Augen unglaublich dämlich an und begann langsam rückwärts zu gehen.

Vater schrie: »Prr!« Das Pferd stand, die Augen schlossen sich, der Kopf sank tiefer und tiefer. Kein Zweifel, es schlief schon wieder — und diesmal richtig.

Jetzt wurde es Vater zu bunt.

Auf Kommando machten Georg und ich von Peitsche und Stecken Gebrauch, während Vater am Zügel zog. Das Wunder geschah! Erschrocken hob das Pferd den Kopf, dann das rechte Vorderbein, das rechte Hinterbein, das linke Vorderbein, das linke Hinterbein, es lief im Paßgang.

Das hatten wir noch nie bei einem Pferd gesehen. Unsere Pferde liefen anständig, die Beine immer schön durcheinander. Dies Pferd lief ja wie ein Grenadier mit vier Beinen. Nein, so was!

Vater triumphierte. »Habe ich es euch nicht gesagt? Es ist ein Wildpferd, ein Pferd der Völkerwanderung, der Steppe, es läuft im Paßgang, wunderbar!«

Nun, es war wirklich wunderbar! Nämlich daß wir zum Mittagessen am Ziel waren. Immer wieder blieb das Wildpferd stehen, immer wieder mußten wir seinen urzeitlichen Schlaf rauh und unerbittlich unterbrechen. Es war nicht zu begreifen, wie die Vorfahren dieses merkwürdigen Tieres in der Stein- oder Bronzezeit den reißenden Höhlenbären entgangen waren. Offenbar hatten sie sich einfach totgestellt oder waren selbst dem hungrigsten Raubtier zu knochig.

Nur drei Tage behielten wir das Monstrum, dann brachte es Vater dem lustigen Amtsbruder zurück, der über unsere Erlebnisse Tränen lachte.

WEM GOTT WILL RECHTE GUNST
ERWEISEN

Das Pferd, das Vater vor allen anderen bevorzugte, war
»das Pferd der armen Leute« oder »Schusters Rappen«, womit
er die Schuhsohlen meinte. Auf ihnen trabte er selbst so
manchen Weg zu seinen Kranken und Sterbenden, auf ihnen
wanderten wir unter seiner Führung durch Felder und Wälder.
Wandern war Vaters Leidenschaft, und jedes Jahr in den
Sommerferien machten wir eine große Wanderung.
Schon am Abend zuvor wurden die Rucksäcke gepackt, Brote
geschmiert und Flaschen mit Zitronensaft gefüllt. Harte Eier
wurden gekocht, eine dicke Wurst aus der Räucherkammer
geholt, und ehe die Sonne aus der Nacht emporstieg, standen
wir gestiefelt und gespornt vor dem Rosenhaus angetreten,
jeder das blitzende Blasinstrument in der Hand. Ein schmet-
terndes Morgenlied gab der Mutter das »Valet« und trieb
den letzten Schlaf aus den Augen. Dann hieß es: Ohne Tritt

marsch! Und hinaus zogen wir in den kühlen, schimmernden Morgen. Außerhalb des Dorfes wurden die Hörner auf den Rücken geschwungen, die Daumen in die Tragriemen der Rucksäcke gestemmt, und fort ging es in die weite, weite Welt.

Wer kennt nicht Joseph von Eichendorffs herrliches Buch »Aus dem Leben eines Taugenichts«? Nun, so wie der Taugenichts sangen auch wir:

> »Wem Gott will rechte Gunst erweisen,
> den schickt er in die weite Welt,
> dem will er seine Wunder weisen
> in Berg und Tal und Strom und Feld!«

Die grünen Halme wiegten sich zu unserer Seite, die Lindenbäume am Straßenrand dufteten betäubend süß, ein Bussard kreiste am hohen Himmel, und aus dem silbernen Morgennebel stieg purpurn die funkelnde Sonne. Das blitzte und sprühte von Gras und Halm, das jauchzte und tirilierte in Busch und Hag. Der Kuckuck rief vom nahen Wald. Rebhühner schwirrten übers Feld, und die Schwalben warfen sich wie blaue Blitze in den rosigen Himmelsdom. O ihr Langschläfer, wißt ihr, was ihr versäumt? Aber wir wollen euch schon wecken! Dort ist das Dorf, wo unser Nachbarpfarrer mit seinen lieblichen Töchtern wohnt. Die grünen Fensterläden sind noch geschlossen, die Linde vorm Haus rauscht geheimnisvoll im Morgenwind. Da schmettern unsere Hörner:

> »Geh aus, mein Herz, und suche Freud
> in dieser lieben Sommerzeit
> an deines Gottes Gaben;
> schau an der schönen Gärten Zier
> und siehe, wie sie mir und dir
> sich ausgeschmücket haben.«

Das Gesicht des würdigen Pfarrherrn, geziert von einer mächtigen Narbe quer über die Stirn, erscheint lächelnd am Fenster. Drei rotblonde Mädchenköpfe schauen kichernd über seine Schulter. Man winkt uns, ins Haus zu kommen. Aber wir können nicht rasten. Um sieben Uhr fährt unser Züglein von der kleinen Bahnstation, sechs Kilometer von unserem Dorf entfernt, und wir müssen heut noch weit fahren. Denn Vater hielt es bei unseren Wanderungen stets so, daß wir zuerst möglichst weit mit der Bahn fuhren und dann den Heimweg zu Fuß zurücklegten, da, wie er sagte, Pferde lieber in den Stall laufen als aus dem Stall.

Schon die Bahnfahrt war angesichts der Kinderschar ein Mordsspaß. »Ach«, der Fahrkartenverkäufer blinzelte, »wenn ich Sie nicht kennen würde, Herr Pfarrer, so hätte ich gedacht, eine Schulklasse ginge auf Fahrt!« — »Na, dann geben Sie mir mal das Formular für eine Schülerreise, da kostet's nur die Hälfte«, erwiderte Vater schlagfertig. »Nehmen Sie eine Gesellschaftskarte«, der Mann lachte, »dann haben Sie's ebenso billig! Und passen Sie auf, daß mir die Bande keine Weiche verstellt. Das letzte Mal ist fast ein Zug entgleist!« Vater lachte vergnügt. Wenn wir reisten, war manches erlaubt, was zu Hause geahndet wurde.

Jetzt stiegen wir mit großem Getöse und Gelächter in das schnaufende Bähnlein. Einer hatte bestimmt seinen Rucksack auf dem Bahnsteig stehenlassen, und der Zugführer hatte seine liebe Not, bis alles in Ordnung war. Dann ging es los mit gewaltigen Dampfwolken und einem erstklassigen Pfeifkonzert, um die auf den Schienen respektlos gackernden Hühner des Herrn Bahnhofsvorstehers zu vertreiben.

Wir füllten bequem ein Abteil vierter Klasse oder, wie man heute vornehmer sagt, »für Reisende mit Traglasten«. Vater setzte sich unter die Notbremse, um deren mißbräuchliche

Benutzung zu verhindern. Jeder sicherte sich nach Möglichkeit einen Fensterplatz, und nach kurzer Zeit wurden bereits die ersten Eier mit größtem Appetit verspeist.

Bei einer solchen Fahrt fiel uns eine alte, würdige Dame auf, die uns mit sichtlichem Interesse musterte. Sie kam mit Vater ins Gespräch und erfuhr zu ihrem Erstaunen, daß es sich bei den vielen Kindern nicht, wie sie vermutet hatte, um die Insassen eines Internats oder Kinderheims handelte, sondern um Glieder einer Familie. »Herr Pfarrer, Herr Pfarrer«, sie schlug ein ums andere Mal die Hände zusammen, »wie kriegen Sie die bloß alle satt? Und die vielen Hosen, Strümpfe und Schuhe? Nein, es ist nicht zu glauben.« Dann versank sie in tiefes Sinnen, und ich habe sie im Verdacht, daß sie an dem Weihnachtswunder, von dem ich später berichten werde, nicht unbeteiligt war.

Am Ziel der Fahrt angelangt, wurde mit viel Lärm ausgestiegen, die Rucksäcke geschultert, die Hörner umgehängt und die eigentliche Wanderung begonnen.

O ihr Seen meiner Heimat! Ihr »Augen Gottes«, wie der Dichter Brunold euch nannte. Wie viele Stunden ungestillten Glücks habt ihr unserem tiefinnerlichen Vater, der heimlich Verse schrieb, und uns Kindern bereitet! Stunden um Stunden wanderten wir unter grünenden Buchen, silbernen Birken und rauschenden Kiefern an euern Ufern entlang. Und immer wieder, wenn wir glaubten, hier sei das blaue Wasser eines Sees zu Ende, so öffnete ein neuer See sein schimmerndes Gestade. Weithin grüßten rote Dächer und spitze Kirchtürme. Glockenklang erfüllte die Luft, weiße Segel glitten über die azurne Flut.

Mittags wurde gerastet an irgendeinem besonders schönen Fleckchen Erde. Warm leuchtete die Sonne auf den braunen Kiefernstämmen, und wir warfen die Kleider ab und tollten und jauchzten im Wasser. Dazwischen wurde herzhaft den Herrlichkeiten zugesprochen, die uns Mutters Fürsorge in die Rucksäcke verstaut hatte, Schinken, Wurst, Brot, dazu Zitronensaft, den wir mit Zucker und klarem Quellwasser mischten. Ja, es war eine Lust zu leben!

Aber wenn der Marsch dann weiterging über sandige Wege und durch endlose Wälder, dann seufzte doch so mancher von uns und schaute sehnsüchtig nach dem sich neigenden Goldgestirn, das ein baldiges Ende unserer heutigen Tagesreise versprach.

Kehrten wir dann hungrig und durstig im gastlichen Hause eines Amtsbruders von Vater ein, so gab es gewaltiges Aufsehen. Kinder, Hühner und Gänse liefen zusammen, wenn wir uns vor dem Pfarrhaus postierten und mit kräftigem Choral den Eingang erbliesen. Der armen Pfarrfrau machte weniger unsere Atzung, die wir ja bei uns hatten, als die Übernachtungsfrage Sorge. Doch wenn wir Jungen erklärten, daß auf dem Heuboden schlafen unsere Leidenschaft sei, wurden wir gnädig aufgenommen, die Mädchen im Fremdenzimmer etabliert und die Invasion mit Fassung und Humor ertragen. Gaben wir dann noch unter der Dorflinde ein schönes Abendkonzert mit Hörnerklang und Gesang, bei dem das ganze Dorf zuhörte, so waren wir hochwillkommen, und mancher Ruf, recht bald wiederzukommen, folgte uns, wenn wir am anderen Morgen mit »Muß i denn, muß i denn« zum Dorf hinausmarschierten.

So zogen wir tagelang durch die großen Wälder unserer Heimat, sammelten Pfifferlinge und Waldbeeren, brieten Fische über glühender Holzkohle und wurden braun wie die Bantuneger.

In diesen Tagen ruhte sogar der sonst auch in den Ferien fortgesetzte Unterricht, den Vater uns als Vorbereitung auf die höhere Schule erteilte. Vater war der geborene Lehrer, er stammte ja auch aus einer Lehrersfamilie und war nicht glücklich, wenn er uns nicht etwas beibringen konnte. Wie manches Mal haben wir gemurrt, wenn wir selbst in den Ferien unsere tägliche Lektion lernen mußten! Waren wir doch so froh, einmal nichts von dem schrecklichen Latein und Griechisch zu hören. Erst viel später ist uns aufgegangen, welch unendliche Schönheit diese beiden Ursprachen des Abendlandes enthielten. Aber damals war es die Grammatik, die uns plagte. Wer möchte wohl an einem geheimnisvollen Waldsee nach den »unregelmäßigen Verben« gefragt werden? Doch Gott sei Dank waren es ja nicht nur die unregelmäßigen Verben, die Vater von uns wissen wollte, wenn wir's uns am wenigsten versahen. Er führte uns ebenso an einen winzigen Trichter im weißen Sand einer Düne und behauptete, hier säße ein schreckliches Untier drin und harrte seines Opfers. Wenn wir uns dann um den Trichter auf den Bauch legten, ließ Vater eine Ameise hineinfallen. Und schon wurde es drinnen lebendig, und der Ameisenlöwe versuchte, des Opfers Herr zu werden. Nun, es wurde gerettet, unversehrt, und krabbelte eifrig davon. Wir aber hatten wieder ein geheimnisvolles Stücklein aus Gottes großer Natur kennengelernt. Und gerade das wollte Vater.

Vater hatte, wie seine beiden Brüder, eine hochberühmte Fürstenschule besucht, und sein ganzer Ehrgeiz war, daß ich als Ältester seiner Söhne nun auch mit Ehren in diese Schule aufgenommen würde. Als ich die Dorfschule hinter mir hatte, begann er, mich auf das Gymnasium vorzubereiten. Da Maria eine höhere Mädchenschule besuchen sollte, erhielten wir den Unterricht gemeinsam. Das war böse für mich! Denn Maria war ein Ausbund an Fleiß und Tugend, ich aber leider das Gegenteil. Ich hatte einfach kein Sitzfleisch und interessierte mich nur für Fächer, die mir Spaß machten, wie Geschichte, Literatur, Religionsgeschichte, Musik und Sport. Latein und Griechisch, Rechnen und Schreiben, nein, das war nicht mein Fall. So mußte oft der Rohrstock in Erscheinung treten, und manche Träne floß über »Ostermanns Lehrbuch der lateinischen Grammatik«.

Wie fesselnd verstand es Vater aber, die Fächer zu gestalten, die mir am Herzen lagen. Da war zuerst einmal die Religionsgeschichte. Das Leben unseres Herrn und Heilands war mir natürlich von klein auf in allen Einzelheiten bekannt. Von der wundersamen und so rührend ärmlichen Geburt des Erdenkönigs bis zu seinem schrecklichen Ende am Kreuze kenne ich auch heute noch kein Menschenleben, dessen dramatischer Verlauf mich so ins Herz getroffen hätte wie das irdische Leben unseres Erlösers. Vater, selbst aufs tiefste gläubig, verstand es, uns Kindern die entsetzliche Tragödie, daß die Menschheit ihren eigenen und einzigen Erlöser ans Kreuz schlug, mit solcher Klarheit vor Augen zu führen, als sei er selbst damals dabeigewesen. So staunten wir über den zwölfjährigen Jesus im Tempel, so jubelten wir mit den Volksmassen bei seinem triumphalen Einzug in Jerusalem, so weinten wir mit der Mutter unseres Herrn unter dem Kreuz von Golgatha.

Es hat in meinem Leben und in dem meiner Geschwister, als wir erwachsen waren, oft Zeiten gegeben, wo wir dieses Drama vergessen haben. Wo wir glaubten, aus eigener Kraft leben zu können. Aber im Unterbewußtsein ist das Feuer, das unsere frommen Eltern entzündeten, niemals erloschen. Und als über jeden von uns Not und Verzweiflung kamen, als Frau Sorge an die Tür klopfte und Gevatter Tod an der Schwelle saß, da hockten wir still um die heilige Glut in unserem Herzen und wärmten uns. Ja, es ist eigenartig, je älter und stiller wir werden, desto klarer treten die Tage der Kindheit hervor und mit ihnen die wunderbare Geschichte, die mit den Worten beginnt: »Es begab sich aber zu der Zeit . . .«

Neben der biblischen Geschichte war es besonders die Literaturgeschichte, die Vater Gelegenheit bot, seine hohe Sprechkunst vorzuführen. Er rezitierte Balladen und Gedichte, las Märchen und Geschichten und erzählte vom Leben und Leiden der großen Dichter und Denker. Als ich später einmal in Schillers Sterbezimmer stand und ergriffen die ärmliche Behausung überblickte, in der einer unserer Größten seine gewaltigen Schauspiele schuf, da war mir, als hörte ich Vaters begeisterte Stimme den »Taucher« oder die »Kraniche des Ibykus« vortragen.

Einen gewichtigen Teil des Unterrichts nahm auch das Turnen ein. Vater hielt Schwimmen, Wandern und Reiten nicht für ausreichend, uns körperlich zu ertüchtigen. Denn als Humanist war er tief von der Richtigkeit des Satzes durchdrungen, daß nur in einem gesunden Leib eine gesunde Seele wohnen könne. Da ich mich als Kind oft etwas krumm hielt, mußte ich die schwierigsten Turnübungen machen, um eine schöne gerade Haltung zu bekommen, auf die auch Mutter großen Wert legte. Das geschah einmal dadurch, daß ich während des Unterrichts einen Stock unter der Jacke tragen mußte. Regelmäßig hatte ich vor Beginn des Unterrichts zwanzig Kniebeugen mit hochgerecktem Oberkörper zu machen, zwei Gewichte, sogenannte Hanteln, in den Händen. So verrückt mir damals diese Übungen erschienen, so glaube ich doch, daß ein Teil meiner späteren sportlichen Erfolge auf diese Grundübungen zurückzuführen ist.

Noch bedeutungsvoller aber war das Turngerät! Es stand im Garten und bestand aus zwei mächtigen Masten, über die ein Querbalken gelegt war, auf dem wir, entgegen der Instruktion, verwegene Kunststücke zu machen pflegten. Am Querbalken waren Haken festgemacht, an denen Ringe und ein Trapez eingehängt werden konnten.

Was haben wir für Kunststücke an diesem Turngerät gemacht! Die Ringe und das Trapez wurden jeden Abend vom Gerüst abgenommen und ins Haus gebracht. Das Anbringen am nächsten Morgen war bereits ein Akt, der jedem Akrobaten zur Ehre gereicht hätte. Auf Holzsprossen kletterten wir bis oben zum Querbalken und rutschten dann, vier Meter über der Erde, auf dem rundgehobelten Balken bäuchlings bis zu der Stelle, wo die Haken angebracht waren. Dort hängten wir die mitgeführten Turngeräte ein, die an langen Seilen hingen, und ließen uns wie die Matrosen an den Tauen hinunter. Mutter schwindelte es, wenn sie zufällig in den Garten kam, um Gemüse zu holen, und sie uns da oben jonglieren sah. Ich wundere mich selbst, daß nie etwas passiert ist. Aber Kinder haben ja ihren Schutzengel bei sich, und sind zudem gewandter, als die Erwachsenen annehmen.

Ringe und Trapez waren gerade so hoch angebracht, daß wir sie von der Erde aus mit unseren kleinen Händen erreichen konnten. Wir packten sie, nahmen einen kräftigen Anlauf, und schon flogen wir dahin und schwangen uns wie die Vögel in die Luft. Die schlanken Körper reckten und streckten sich, die Füße schlugen rhythmisch die Erde, und die Geschwister jauchzten, je höher man kam. Es war eine Lust, so dahinzufliegen.

Die Mädchen bevorzugten das Trapez, auf dem man wie auf einer Schaukel sitzen, aber auch, in den Kniekehlen eingehängt, den Kopf nach unten, verwegene Akrobatik vorführen konnte. An Publikum fehlte es nie, denn die Geschwister, Cousinen und Freunde warteten bereits mit Schmerzen auf die Beendigung der Nummer. Natürlich wollte jeder einmal drankommen.

Einmal bin ich runtergefallen. Ich fiel auf den Rücken und bekam keine Luft mehr. Meine verzweifelten Bemühungen, Luft zu schnappen, wurden von den kleinen Zuschauern als willkommene Clowneinlage gewertet. Jedenfalls lachten sie Tränen, während ich mich, blau vor Atemnot, auf der Erde wälzte.

Wie unzuverlässig Kinder bei solchen Gelegenheiten sind, indem sie entweder die Gefahr nicht erkennen oder in panischem Entsetzen davonstieben, das habe ich oft bestätigt gefunden.

Ein Vorfall ist mir da ganz besonders im Gedächtnis haften geblieben. Wir spielten zu Hause am liebsten in unserer großen Scheune. Ein alter Schafstall, heimliche Verstecke in Heu und Stroh, das geheimnisvolle Dunkel, das Rascheln eines Igels, das Quieken einer Maus, das Huschen eines Wiesels — alles das waren Anziehungspunkte, denen ein Kind unmöglich widerstehen konnte.

Nun lief vom Strohboden zum Heuboden, drei Meter über der steinharten Lehmtenne, ein Balken, den wir uns zu einer unserer zahlreichen »Mutproben« ausgesucht hatten. Es galt, frei über den ziemlich schmalen Balken zu laufen, die gähnende Tiefe unter sich. Die »Kleinen« durften rutschen, aber wir »Großen« balancierten mit seitlich ausgestreckten Armen wie die Seiltänzer auf hohem Seil.

Es kam, wie es kommen mußte. Ein Dorfjunge namens Walter glitt aus und stürzte mit einem Aufschrei auf die Tenne, wo er leblos liegenblieb. Im Nu waren sämtliche Kinder verschwunden, ich weiß selbst nicht, wie wir so schnell die schmale Leiter vom Heuboden heruntergekommen sind. Panikartig rasten wir davon, den »Seegang« hinunter. Erst am See machten wir halt und berieten die Lage. Die allgemeine Ansicht war, Walter sei tot. Es wurde jedoch beschlossen, bevor wir die Eltern von dem Unglück benachrichtigten, erst noch einmal eine Expedition zu entsenden, die den Tatbestand an Ort und Stelle prüfen sollte. Die Tochter des Fischermeisters und ich wurden hierzu erwählt, und wir schlichen wie die Indianer wieder hinauf zur Scheune. Als wir zum Scheunentor hineinlugten, sahen wir zu unserer unbeschreiblichen Erleichterung, daß der »Tote« sich aufgerichtet hatte und benommen seinen Schädel rieb, der ganz sicher aus Eisen war. Schäden an seinem Körper außer einigen blauen Flecken waren zum Glück nicht festzustellen. Ob sein Geist gelitten hatte, ließ sich schwer beurteilen, da Walter sowieso der Schlechteste in der Schule war. Jedenfalls wurden die »Mutproben« daraufhin stillschweigend eingestellt.

MUSICA SACRA

Es ist nun endlich an der Zeit, daß ich des wichtigsten Erziehungsmittels gedenke, dessen sich meine Eltern bedienten, der Musik!

Zur Musik mußten wir nicht gezwungen werden. Sie war der Brunnen, aus dem täglich aufs neue Freude und Erquikkung floß. Sie war das Bad, in dem wir sommers wie winters, sonntags wie alltags schwammen, ohne müde zu werden. Unser Haus hatte viele Zimmer, in jedem wurde musiziert. Im Musikzimmer übte Eva ein Klavierkonzert, im Jungenzimmer blies Thomas elegisch Mundharmonika, auf dem Boden übte Johannes auf dem Flügelhorn schwierige Triolen, und aus Vaters Studierzimmer tönten die Klänge des Waldhorns.

Es war wirklich kein Sanatorium für Nervenschwache!

Da Vater Posaunenmeister und Landesobmann der Posaunenmission war, überdies Mitglied des berühmten Pastorensextetts, hatte die Posaunenmusik den Vorrang vor jeder anderen Musik. Die »musica sacra«, voran die herrlichen Choralsätze Johann Sebastian Bachs, war unsere Leib- und Magenspeise. Bachs Fugen, Kantaten und Passionen sind für mich immer der tiefste Ausdruck menschlicher Frömmigkeit und göttlicher Inspiration gewesen und geblieben. Bach redete mit Gott, und Gott redete durch ihn.

Wir hatten auch eine persönliche Beziehung zu Bach. Einer unserer Vorfahren war Trompeter und Ältester der Stadtpfeifer in Bachs Orchester zu Leipzig gewesen. Er hatte selbst eine große Anzahl von Sarabanden und Allemanden geschrieben, Tanzstücke, wie sie zu dieser Zeit üblich waren. Der Rat von Leipzig ließ sein Bild in Öl malen, dessen Kopie in unserem Musikzimmer hing.

Ein mächtiger Kopf mit ehrfurchtgebietender Perücke. Die rote Nase zeugte von Lebenslust und Trinkfestigkeit. In der Hand des Komponisten sah man ein Notenblatt, auf dem eine äußerst schwierige Passage zu erkennen war. Unter dem Arm trug er ein vielfach gewundenes Instrument, eine Trompete, die ohne Ventile geblasen wurde, ein sogenanntes Clarin.

Wir haben oft versucht, auf unseren modernen Flügelhörnern mit drei Ventilen die Passage nachzublasen; es ist uns nicht gelungen. Allerdings scheint es so, als ob auch unser Ahnherr mit dieser Passage nicht recht fertig geworden ist. Denn wie seine Lebensgeschichte erzählt, starb er infolge einer Überanstrengung beim Blasen.

Das Blasen war bei uns also sozusagen angeboren und als Geschenk der Musen in die Wiege gelegt worden. Wir konnten alle blasen, auch die Mädchen. Bei der Taufe Benjamins, des Jüngsten, war auch Bischof D. zugegen. Ich sehe noch heute das maßlos erstaunte Gesicht des hochwürdigen Herrn, als sich gegenüber der Festtafel die Tür öffnete und das komplette Familienorchester sichtbar wurde, die blitzenden Hörner und Posaunen in den kleinen Händen. Denn blasende Engel wie Betty, Margrit und Maria hatte er bestimmt noch nicht gesehen. Vor allem Betty glänzte durch die mehr machtvollen als reinen Töne, die sie ihrem Tenorhorn entlockte.

Hierin glich sie Georg, der mit seiner Zugposaune auch nicht leicht fertig wurde. Er hatte einen guten »Ansatz«, aber die Synkopen, von denen es gerade in Bachs und Johann Eccards Choralsätzen wimmelt, waren seine Schwäche. Wer kennt nicht das alte Rostocker Kirchenlied »Allein Gott in der Höh sei Ehr«? Dieser herrliche Choral wurde rhythmisch gesungen und gespielt. Meist bliesen wir im Sextett, und Georgs Zugposaune hatte den Part des Generalbasses zu übernehmen. Wenn dann Johannes' Sopranhorn sich jubelnd in die Höhe schwang, über ihm noch Vaters Waldhorn als Oberstimme, geschwisterlich begleitet von unseren Alt- und Tenorhörnern, dann »patzte« Georg regelmäßig an der entscheidenden Stelle, und Vater raufte sich die Haare. Noch schwieriger war das alte Adventslied »Es kommt ein Schiff geladen« oder Bernhard von Clairvaux' ergreifendes Kreuzigungslied »Salve caput cruentatum«, wunderbar übersetzt und weitergedichtet vom größten Liederdichter der evangelischen Kirche, Paul Gerhardt, in »O Haupt voll Blut und Wunden, voll Schmerz und voller Hohn, o Haupt zum Spott gebunden mit einer Dornenkron«.

Ja, auch beim Blasen ist noch kein Meister vom Himmel gefallen, das haben auch wir erfahren. Aber wir hatten ja den unermüdlichsten Lehrer, der je ein Blasinstrument in der Hand hatte. Sein bestes Lehrmittel war das eigene Beispiel. In aller Frühe weckte uns Vaters Morgenchoral, bei der Morgenandacht begleiteten unsere Posaunen den Familiengesang, zu den Mahlzeiten und wichtigen Begebenheiten rief

Vaters Hornsignal, und wohl niemals gingen wir schlafen, ohne mit einem schönen Abendlied unserem Herrgott für den verflossenen Tag zu danken.

Dazu kamen die Übungsstunden, zwei- oder dreimal in der Woche, die gewöhnlich nach dem Abendessen stattfanden. Da wurde ein guter »Ansatz« geübt, die Stellung des Mundes, um einen reinen und vollen Ton zu erzielen. Wir lernten, daß man nicht mit vollen Backen in das Mundstück blies, sondern im Gegenteil mit angespannter Mundpartie ins Horn stieß, »als wolle man ein Haar wegpusten«. Wir lernten, daß es nicht auf einen lauten Ton ankam, sondern daß ein »pianissimo« bei weitem schwerer zu erzielen war. Kurzum, wir bekamen eine Grundschule des Blasens, die ohnegleichen war. Und auf Vaters »Freizeiten«, die weit und breit berühmt waren, haben Hunderte junger und alter Bläser die schwierige Kunst des Blasens erlernt.

Nur wenige wissen, daß das Blasen wohl überhaupt die Urform menschlicher Tonkunst darstellt und noch fast bis in die Neuzeit, wo die Hörner von den Streichinstrumenten verdrängt wurden, als vornehmste und edelste Ausdrucksform der Musik galt. Von der Hirtenflöte über die Posaunen von Jericho bis zu dem mächtigsten Blasinstrument, der Orgel, ist allerdings ein weiter Weg, und erst in diesem Jahrhundert hat sich die Kirche des Gebotes der Bibel erinnert: »Lobet den Herrn mit Posaunen!«

Die abendlichen Übungsstunden waren für uns ein Quell unerschöpflicher Freude und Heiterkeit. Nicht nur Georgs arrhythmisches Gefühl, das ihn mitten während eines Pausenzeichens mit mächtigem Schall ins Horn stoßen ließ, war der Grund dafür. Unvergeßlich wird mir die seltsame Kritik des kleinen Benjamin bleiben, als er zum erstenmal, auf dem Sofa sitzend, einem Blaskonzert der Brüder beiwohnen durfte. Bereits nach kurzer Zeit erklärte er, die mächtigen Posaunentöne verursachten ihm Beinschmerzen!

Unnachahmlich bleibt Vaters Handbewegung nach Schluß des Konzertes, wenn er die Spucke aus den Zügen seines Waldhorns entfernte und schmunzelnd verkündete: »Die Spucke ist das feinste Öl!«

Der begabteste und treueste Bläser war Johannes. Ihm gelang jener reine und süße Ton, der nicht allein Übungssache ist, sondern bei dem auch der Genius Pate stehen muß.

Ich denke da an jene Aufführung der Matthäus-Passion, bei welcher der Dirigent die herrliche Stelle, wo sich der Choral »O Lamm Gottes unschuldig« wie eine himmlische Taube über das Grundthema erhebt, von zwei Flügelhörnern blasen ließ. Georg und Johannes waren die Auserwählten, und ich sehe noch heute die Tränen in Vaters Augen, als sich die Stimmen der Sopranhörner in strahlender Reinheit durch das mächtige Kirchenschiff schwangen.

»Sie blasen wie die Engel«, flüsterte er leise. Mutter und ich, die wir neben ihm saßen, wußten, daß dies eine der glücklichsten Stunden in Vaters Leben war.

Ich erwähnte schon, daß Vater Mitglied jenes berühmten Pastorensextetts war, das sozusagen die Elite der Posaunenmeister umfaßte und in zahlreichen kirchlichen Feierstunden und Konzerten sein Können unter Beweis stellte.

Dieses Pastorensextett konzertierte auch einmal in der Aula der Fürstenschule, die ich seit meinem zehnten Lebensjahr traditionsgemäß besuchte. Von den Jüngeren kann heute wohl kaum mehr einer ermessen, welchen Gipfel abendländischer Kultur, Bildung und Erziehung der erklomm, dem es vergönnt war, durch Begabung und Fleiß in eine solche Schule aufgenommen zu werden. Denn nur Begabung entschied, nicht der Geldbeutel des Vaters.

Vor allem war es die Musik, die als Erziehungsmittel und Freudenspenderin hochgeschätzt wurde. Unser Schulorchester wagte sich an schwerste Aufgaben heran, und unser Chor wirkte bei Opernaufführungen mit. Unvergeßlich haftet in meiner Erinnerung das Spiel jenes weltberühmten spanischen Cellisten, dessen edles Instrument unter den Händen des Meisters mit nahezu menschlicher Stimme klagte und jauchzte.

Das Auftreten des Pastorensextetts erregte bei meinen in jeder Hinsicht verwöhnten Mitschülern nur geringes Interesse. Was verstanden nach ihrer Ansicht Pfarrer von Musik! Und dann auch noch Blasmusik!

Das Sextett aber belehrte die Ungläubigen eines Besseren. Als die würdigen Herren mit ihren blitzenden Instrumenten auf den Podium Platz genommen hatten, an der Spitze der Leiter mit wehendem weißem Bart, am Waldhorn Vater, der verschmitzt zu mir herüber lächelte, lief ein unterdrücktes Kichern durch die Reihen der jungen Musiksnobs.

Aber als die geistlichen Musikanten in meisterhafter Manier und Verve Choralsätze und Volkslieder, Fugen und Sarabanden und zum Schluß den triumphalen Festmarsch aus Händels »Judas Makkabäus« ertönen ließen, da erschütterte donnernder Applaus die Aula, und mein Klassenkamerad Herbert, Sohn eines berühmten Hals-Nasen-Ohrenarztes, gab der allgemeinen Stimmung Ausdruck, indem er mir gewaltig auf die Schulter hieb und mit Stentorstimme brüllte: »Mensch, wie können Pastoren nur so gut blasen!«

MUTTER

Mutter war eine feurige, leidenschaftliche Frau von größter Willensstärke und Ausdauer. Sie hielt sich innerlich und äußerlich kerzengerade und verlangte von uns das gleiche. Krankheit galt bei ihr als Drückebergerei oder Faulheit, und oft war es ja bei uns auch nichts anderes.

Obwohl sie körperlich nicht dazu disponiert war — sie hinkte und hatte schwer unter Ischias zu leiden —, schien ihre Arbeitskraft keine Grenzen zu kennen. Nie ging sie vor ein Uhr nachts ins Bett, nie stand sie nach fünf Uhr morgens auf. Daher war sie immer müde, wir neckten sie manchmal, daß sie nur deshalb so gern in die Kirche ginge, weil sie während Vaters Predigt einmal richtig ausschlafen könne. Natürlich war sie empört, wenn wir so etwas sagten.

In der Nacht vom Samstag zum Sonntag ging Mutter überhaupt nicht schlafen, sondern bügelte die Wäsche für uns Kinder, damit wir sauber angezogen in die Kirche kämen. Wurde sie dabei müde, so trank sie starken Kaffee, stellte die Füße in eine Schüssel mit kaltem Wasser und bügelte weiter!

Wenn dann der Morgen graute und wir uns gerade noch einmal auf die andere Seite drehten, öffnete sich leise die Tür. Mutter kam mit einem Eimer warmen Wassers herein und stieß die Fensterläden auf, daß das Licht in breiten Schwaden hereinströmte.

»Steht auf, Kinder«, sagte sie freundlich und gab uns einen flüchtigen Kuß, sie liebte Zärtlichkeiten wenig, »es ist höchste Zeit zum Gottesdienst!«

Kamen wir dann ins Eßzimmer, war der riesige Tisch schon festlich gedeckt, eine große Kanne Kakao dampfte, und ungeheure Mengen von Kuchen und belegten Broten lockten.

Wir waren täglich etwa zwanzig Personen zu Tisch: die Eltern, die elf Kinder, das Dienstpersonal und die Gäste! Wir waren nämlich niemals ohne Gäste, meist Kinder von Verwandten oder Bekannten, die bei uns »essen lernen« sollten. Das bezog sich weniger auf die Manieren, die beispielsweise bei unseren lieben Cousinen besser waren als bei uns Dorfkindern, als auf die Eßlust.

O ihr Einzelkinder, wie tut ihr mir leid! Da sitzt so ein armes Bürschlein vor seinem Teller und drückt und würgt und kaut. Die Zunge wird immer länger, und der Mund immer voller. Die Mutter verspricht goldene Berge fürs Aufessen, der Vater runzelt drohend die Stirn. Schließlich gibt's eine

Familienkatastrophe, soweit man bei einem Ehepaar mit einem Kind schon von einer »Familie« reden kann.

Das kam bei uns nicht vor! Wie die jungen Vögel im Nest rissen wir die Schnäbel auf, wenn die riesigen Schüsseln mit Kartoffeln und Gemüse auf den Tisch kamen, gekocht in eisernen Töpfen, wie sie wohl einstmals in grauer Vorzeit von bärtigen Riesen benutzt wurden. Jeder marschierte mit seinem Teller zu Vater, dem Mundschenk, der diesen bis zum Rand füllte. Waren alle Teller voll, sprach Vater das Tischgebet. Kaum war das Amen verklungen, so begann ein scharfer Wettstreit um den Kaisertitel. Denn wer am schnellsten fertig war, der war Kaiser und blickte verächtlich auf den nachfolgenden König, Edelmann und das einfache Bauernvolk hin, das sich noch hastig durch den mächtigen Kartoffelberg schaufelte.

Doch wer mit dem ersten Gang fertig war, mußte geduldig warten, bis alle ihren Teller leer gegessen hatten. Denn wie sagte Vater? »Vielfraße werden nicht geboren, sie werden erzogen!« Um nicht den Zorn der ungeduldig auf den zweiten Teller Wartenden auf sich zu ziehen, bemühte sich jeder, den ersten Teller möglichst schnell leer zu kriegen.

Gleichwohl verlangte Vater, daß gründlich gekaut wurde. »He, Thomas«, sagte er, »schling nicht so! Gut gekaut ist halb verdaut!« und er erzählte von Mister Fletscher, der jeden Bissen sechzigmal kaute, bevor er ihn hinunterschluckte. Also wurde »gefletschert«, daß es eine Freude war, und der Rekord des trefflichen Mannes wurde weit überboten.

Manchmal gab es natürlich auch Speisen, die dem einen oder anderen durchaus nicht behagten. Dann saß auch er vor seinem Teller wie jenes Bürschchen vorhin, und der Napf wurde nicht leer. Vater sah sich das eine Weile an, dann erhob er sich schweigend und winkte dem armen Sünder. Der ergriff erbleichend den Teller und folgte Vater ins Studierzimmer. Von dort ertönte dann meist ein Jammergeschrei, aber schon nach kurzer Zeit öffnete sich wieder die Tür, und der Delinquent kehrte strahlend zurück, den leeren Teller in hocherhobenen Händen.

Aber, wie gesagt, das waren Ausnahmen, meist fraßen wir wie die Wölfe! Es ist erstaunlich, wie ansteckend solch Appetit wirkt. Wenn so ein blasses, verzogenes Bürschlein zu uns kam, so dauerte es nicht zwei Mahlzeiten, bis es den gleichen Appetit entwickelte wie wir. Denn nicht nur sein Ehrgeiz wurde durch das Kaiser-König-Edelmann-Spiel geweckt, sondern es lernte auch sehr schnell, daß aus leeren Schüsseln keine Suppe mehr zu schöpfen war. Und wenn die Eltern ihr »armes, bleiches Kind« nach Tagen oder Wochen wieder abholten, dann war daraus ein braungebrannter, stets hungriger kleiner Kerl geworden.

So ging es auch mit Joseph, dem Ferienkind! Es war die Zeit nach dem ersten Weltkrieg, wo Not und Hunger herrschten. Große Kindertransporte wurden aus den Großstädten aufs Land geschickt. Ein solcher traf eines Tages auch in unserem Dorf ein. Die Großstadtkinder standen auf dem Dorfanger und wurden an die Bauernfamilien verteilt. Schließlich blieb ein zehnjähriger Bub übrig. Keiner wollte ihn haben, denn er schielte zum Gotterbarmen und war auch sonst keine Schönheit. Mutter nahm ihn an die Hand. »Wie heißt du denn, mein Junge?« fragte sie mitleidig. »Jo—Jo—Joseph«, antwortete der Kleine.

Er stotterte, stotterte so schön, wie ich es sonst nur noch von Komikern gehört habe. Wir begannen zu lachen. Mutter blickte uns zornig an — sie haßte es, wenn man über das Leiden eines Mitmenschen spottete — und schloß den Kleinen in die Arme. »Komm, Joseph«, sagte sie mit lauter Stimme,

»du kommst zu uns. Wo elf Kinder satt werden, da wird auch noch ein zwölftes satt. Dich hat uns der Herr Jesus geschickt, damit das Dutzend voll wird!«

Joseph ist bei uns ein glückliches Kind geworden. Als er nach Monaten wieder in seine Heimat zurückkehrte, trug er eine Brille, die sein Augenleiden weitgehend korrigierte, er stotterte nur noch selten, und auch das Bettnässen, eine weitere Untugend, war fast verschwunden. Ich aber habe nie das tiefe Schweigen der Umstehenden vergessen, als Mutter dies verlachte Kind an ihr Herz nahm.

Ja, an Mutters Herzen hatten viele Kinder Platz, eigene wie fremde! Und wenn es möglich gewesen wäre, so hätte sie sich sicher noch mehr Kinder gewünscht. Diese Kinderliebe wurde von Vater geteilt, der wie ein Erzvater des alten Bundes über seine und die ihm anvertrauten Kinder herrschte. Da waren Cousinen, Vettern und Pensionskinder. Da waren unsere Spielkameraden und Freunde. Da waren oft auch gänzlich fremde Kinder ...

Mutter kam eines Morgens in das Zimmer von Gerald, Stefan und Thomas. Die lagen natürlich noch in den Federn und schliefen den Schlaf der Gerechten. Aber siehe! Neben Thomas lag noch ein viertes Kind. Mutter kannte es nicht. Thomas hatte den Jungen spätabends auf der Straße gefunden und heimlich bei uns eingeschmuggelt. Wie sich später herausstellte, war der Junge daheim ausgerissen und wollte als Schiffsjunge nach Tahiti.

Das war etwas für Thomas. Welch kühner Gedanke, die schreckliche Schule hinter sich zu lassen und als mutiger Pirat hinauszuziehen in die weite, weite Welt! Ich glaube bestimmt, Thomas wollte mit nach Tahiti. Aber so endete das Abenteuer schon vor dem Start. Denn der Ausreißer wurde natürlich stehenden Fußes in die Heimat zurückbefördert.

Von Mutters Willenskraft will ich eine kleine Geschichte erzählen: Eines Tages stand sie vor dem Herd und rührte Pflaumenmus. Wer hat schon einmal einen Waschkessel mit Pflaumenmus gerührt? Ich meine nicht fünf Minuten oder eine halbe Stunde, nein, bis das Mus so richtig dick und klebrig ist, also etwa fünf bis sechs Stunden?

Wir waren doch alle gute Sportler und Turner. Von Zeit zu Zeit fühlten wir gegenseitig unseren Bizeps und ließen auch zur Probe ein scharfes Messer darauf fallen. Aber wenn's ans Pflaumenmusrühren ging, dann half auch der dickste Bizeps nichts. Ich habe mal eine halbe Stunde in der Waschküche auf einem Stuhl stehend, mit der gewaltigen Rührstange, die Mutter wie einen Kochlöffel handhabe, einen Zentner Pflaumenmus gerührt. Nach dieser halben Stunde war ich einer Ohnmacht nahe. Es flimmerte mir vor den Augen, meine Arme schmerzten, und wenn Mutter mich nicht abgelöst hätte, wäre ich wahrscheinlich in den Kessel gefallen.

Mutter jedoch schob, ohne daß man der kleinen Person etwas ansah, die Rührstange durch das immer zäher werdende Mus, hin und her, vor und zurück, von abends um acht bis nachts um zwei. Dann füllte sie das fertige Mus in riesige Steintöpfe, goß eine Talgschicht darüber und verschloß sie mit Pergament. Gegen Morgen setzte sie sich dann ein wenig in den Lehnstuhl und schlief ein oder zwei Stündchen, bis sie uns zur Schule weckte. Dann begann der neue Tag!

Eines Tages war Mutter wieder beim Pflaumenmusrühren. Plötzlich rief sie: »Vater, Kinder, kommt doch mal her, ich kann nicht mehr laufen!« Sie stand vor dem Herd, stützte sich auf den Rand, ihr Gesicht war schmerzverzerrt. Wir trugen sie ins Bett. Ein Arzt wurde gerufen. Er untersuchte Mutter und stellte einen besonders schweren Anfall von Ischias fest. Er wollte sofort den Krankenwagen bestellen, aber Mutter protestierte. Nun, er schrieb ein Rezept, verordnete Bettruhe von mindestens vier Wochen und ging.

Drei Tage später traf er Mutter, wie sie mit einem großen Kranz überm Arm zu einer Beerdigung humpelte. Der Arzt hat Mutter jahrelang nicht mehr gegrüßt, so wütend war er!

Ich glaube, Mutter hatte vor Ärzten nicht viel Respekt. Auf keinen Fall aber, wenn sie, wie der eben erwähnte, nur etwa einen Meter sechzig groß waren.

Kleine Menschen konnte Mutter nicht leiden, zumindest mißtraute sie ihnen solange, bis sie sich vom Wert eines solchermaßen von der Natur Benachteiligten überzeugt hatte. Dagegen große Menschen? Solche über einen Meter achtzig hatten von vornherein ihr Herz gewonnen. Ich weiß noch, wie Maria ihren ersten Verehrer mit nach Hause brachte.

Grundsätzlich waren meine Eltern selbstverständlich keine Freunde von modernen Errungenschaften wie Flirts und dergleichen. Und wenn meine Schwestern und erst recht wir Vertreter des männlichen Geschlechts nicht die Initiative ergriffen hätten, wären wir sicher noch heute unverheiratet. Aber als der lange Eberhard auftauchte, strahlte Mutter ihn an wie ein Mädchen, und als er auf ihre Frage seine Körpergröße mit einem Meter sechsundachtzig angab, da schüttelte sie ihm begeistert die Hand, nicht ohne uns vorwurfsvoll anzublicken, denn wir waren alle nicht sehr groß geraten.

Mutters Bewunderung für großen Körperbau bewog uns jedenfalls, unser Wachstum laufend durch Striche an der Tür zu kontrollieren. Welch ein Triumph, als wir mit vierzehn oder fünfzehn Jahren begannen, Vater über den Kopf zu wachsen. Aber wenn die Kontrollmessung ergab, daß wieder einer von uns Vaters Körpermaß übertroffen hatte und jubelnd rief: »Vater, ich bin größer als du!«, so verbesserte ihn dieser lächelnd: »Nicht größer, länger!«

Vaters Humor und Weisheit, Mutters Temperament und Energie, das waren die Segel, die unser Familienschiff über das Meer des Lebens steuerten.

Aber so sehr unsere Eltern in vielen Dingen einander glichen, so gegensätzlich waren sie in anderen Dingen.

Vater war stets pünktlich auf die Minute. Aufgewachsen in einem Internat und sparsam von Natur, geizte er auch mit der Zeit. Sein Tag war eingeteilt wie der Terminkalender eines Rechtsanwalts, keine Minute blieb ungenützt.

Anders Mutter! Gewiß, auch ihre Zeit war ausgefüllt bis zur letzten Sekunde, aber es ist wohl unmöglich, bei so vielen Kindern pünktlich auf die Minute zu sein. Denn soviel Kinder, soviel Zwischenfälle.

Was nutzte es, daß um zwei Uhr mittags ein Familienausflug beginnen sollte, wenn fünf Minuten vor zwei Gerald und Stefan beim Raufen in eine Pfütze fielen? Wie konnte Mutter pünktlich das Essen auf dem Tisch haben, wenn eine halbe Stunde zuvor ein Mitglied der Gemeinde kam und eine Beerdigung anmeldete? Gemeindearbeit ging jeder Familienarbeit vor. Darin waren sich meine Eltern einig, und wenn es erst um vier Uhr Mittag gab, und Vater mit hungrigem Magen um den Eßzimmertisch marschierte. Einmal war es sogar fast fünf Uhr nachmittags geworden. Vater war verreist, und Mutter hatte zwei Taufen und eine Beerdigung zur Anmeldung entgegengenommen. Mutter begnügte sich in solchen Fällen nicht mit den Formalitäten. Sie freute sich mit den Glücklichen und weinte mit den Betrübten. Kein Leidtragender ging ohne Blumenstrauß aus unserem Garten, kein Hochzeitspaar ohne prächtige Rosen, kein Mensch ohne ein gutes Wort.

Diesmal also war es besonders spät geworden. Mit knurrendem Magen löffelten wir unser aufgewärmtes Mittagessen.

Da sah ich durch das Fenster die mit einer scharfen Zunge und fanatischer Liebe zur Pünktlichkeit begabte Gemeindeschwester auf unser Haus zusteuern.

»Schwester Klothilde, Mutter«, sagte ich leise. Mutter erblaßte. Ihr Mut verließ sie, obwohl sie gar keinen Grund hatte, sich zu schämen. Aber ihr Hausfrauenstolz regte sich. »Kinder«, begann sie schüchtern, da trat auch schon Schwester Klothilde ins Zimmer. Ihr Späherblick überflog unsere Mittagstafel. Aber bevor sie noch etwas sagen konnte, äußerte Georg gelassen: »Entschuldigen Sie, Schwester, daß wir schon so früh Abendbrot essen, wir wollen heute abend zeitig musizieren!« Und Schwester Klothilde war geschlagen.

Nun will ich erzählen, wie es war, wenn Mutter mit der Eisenbahn verreiste. Das kam bei uns im Dorfe natürlich selten vor. Später, als Vater Pfarrer in einer Industriegemeinde wurde, um so öfter. Denn Mutter fuhr in jeder Woche mindestens einmal ins Krankenhaus der Provinzialhauptstadt, um dort die eingelieferten Gemeindeglieder zu besuchen.

Der Weg zum Bahnhof dauerte etwa zwanzig Minuten. Aber was wir Kinder auf dieser Strecke gerannt sind, kann ich nicht beschreiben!

Sagen wir, Mutters Zug ging um zehn Uhr dreißig.

Um zehn Uhr stand Mutter noch am Schweinetrog und fütterte Hans, das Familienschwein.

Um zehn Uhr fünf setzte sie Stefan und Benjamin auf den Topf.

Um zehn Uhr acht begann sie, sich umzukleiden.

Um zehn Uhr zehn wurde der erste Meldegänger abgesandt. Dieser hatte die Aufgabe, sich zum Bahnhof zu begeben und, falls Mutter sich »wider Erwarten« etwas verspäten sollte, den Zugführer zu bitten, doch noch etwas auf Frau Pastor zu warten. Der Meldegänger ging ab.

Fünf Minuten später folgte der zweite. Inzwischen war nämlich Stefan mit dem Topf umgekippt, oder die Milch war übergekocht oder gar der Briefträger von Molli ins Bein gebissen worden.

Meldegänger Nummer eins hatte den Bahnhof noch gemächlichen Schrittes erreicht. Meldegänger Nummer zwei schlug schon einen kräftigen Dauerlauf an. Aber Meldegänger Nummer drei sprintete bereits in mächtigem Spurt zum kleinen Ortsbahnhof, wo Meldegänger Nummer eins und zwei inzwischen beschäftigt waren, durch geschickte Manöver die pünktliche Abfahrt der Kleinbahn zu verhindern. Meldegänger Nummer drei ging nun zum offenen Angriff über und bat den Zugführer mit bewegten Worten, nur noch einen Augenblick zu warten, Mutter sei schon unterwegs.

Ein großes Wort! Der Zugführer, ein gutmütiger Mann, versprach noch ein paar Minuten Wartezeit. Einige Reisende schimpften, sie waren Ortsfremde, die meisten lächelten. Sie kannten das Schauspiel bereits und kosteten es mit Vergnügen aus. Dieses näherte sich jetzt seinem Höhepunkt. Meldegänger Nummer vier traf hochrot und keuchend ein und meldete, Mutter sei bereits an der Kirche. Der Lokomotivführer blickte nervös auf die Uhr, der Heizer blies Dampf ab. Der Zugführer kratzte sich am Kopf. Einige Reisende begannen mitzuspielen. Sie stiegen aus, spazierten auf dem Bahnsteig umher und fragten den Zugführer nach der Uhrzeit. Die Hühner des Bahnhofvorstehers gackerten auf den Schienen.

Jetzt traf Meldegänger Nummer fünf ein. Er schwitzte schrecklich und trug Mutters Tasche und einen Blumenstrauß. Von Mutter noch nichts zu sehen! Jetzt wurde der Zugführer dienstlich. Er pfiff zum Einsteigen gewaltig auf seiner Trillerpfeife, aber bevor er den Abfahrtsstab hob, schaute er noch einmal, bedrängt von fünf Kinderherzen, um die Ecke. Und da kam Mutter wie eine Maschine angekeucht, am Stock hinkend, einen Blumenstrauß in der Hand.

Wir sprangen auf die Schienen und drohten, uns umzubringen, wenn der Zug jetzt abführe. Aber der Zugführer hatte Mitleid. Mit Hallo wurde Mutters Endspurt angefeuert, alle Reisenden lehnten aus den Fenstern, und schließlich hatte Mutter das Ziel erreicht, der Zug konnte abfahren mit »nur« zwanzig Minuten Verspätung!

Oft aber war der Zug doch schon abgefahren, und kein Flehen und Betteln hatte den Zugführer dazu bewegen können, noch »etwas« zu warten. Dann sah Mutter gerade noch die Rauchfahne des Zügleins in der Ferne verschwinden und mußte sich zu Fuß auf den Weg machen. Das bedeutete einen Weg von sechs Kilometern durch einsamen Wald auf schlechten Wegen.

Auf einem solchen »Spaziergang« wurde Mutter einmal von Räubern angefallen; diese wollten ihre goldene Uhr wegnehmen, die sie an einem schwarzen Band um den Hals trug.

Die armen Räuber! Sie hatten nicht mit Mutters Furchtlosigkeit gerechnet. Obwohl sie mit Pistolen bewaffnet waren, nahm Mutter ihren Krückstock fest in die Hand und schüchterte die Strolche so ein, daß sie keinen Angriff wagten.

Ich erzählte schon, wie ernst Mutter ihren Beruf als Pfarrfrau nahm. Sie erblickte in dem umfangreichen Tätigkeitsfeld einer Pfarrfrau einen echten Beruf, von dem das Leben als Mutter und Hausfrau nur einen kleinen Teil bildete.

Man sollte meinen, eine Hausfrau und Mutter von elf Kindern hätte für nichts anderes als den Haushalt Zeit gehabt. Aber das war das Wunderbare: Mutter hatte immer und für jeden Zeit. Hochzeiten, Beerdigungen, Theateraufführungen mit ihren Einstudierungen und nicht zuletzt ein umfangreiches kirchliches Vereinsleben füllten ihre Tage so vollständig aus, daß ich mich oft gefragt habe, wie sie das alles neben ihrer großen Familie noch geschafft hat. Aber sie hat es geschafft! Ich will nicht sämtliche Vereine aufzählen, die Mutter ins Leben gerufen oder in denen sie den Vorsitz geführt hat. Neben Kirchenchor und Frauenhilfe, Vaterländischem Frauenverein und Missionsnähverein war es vor allem eine Einrichtung, die ganz dem Herzen meiner Eltern entsprungen war: der »Großelternnachmittag«.

Alle acht oder vierzehn Tage schlurften und humpelten da von allen Seiten die alten Leutchen der Gemeinde auf unseren Garten zu, in dem unter grünen Bäumen und Ranken eine große Tafel mit Kaffee und Kuchen gedeckt war. Wie kindlichglücklich waren die alten Mütterchen und Väterchen, wenn sie, vom Leben mit leiser, aber unerbittlicher Hand beiseitegeschoben und verbraucht, nun an festlichen Tischen im Mittelpunkt liebevoller Fürsorge standen. Da wurde ein kleines Blaskonzert gegeben, Mutter las etwas vor, ein Schwätzchen wurde gehalten, Kaffee und Kuchen schmeckten, die Bienen summten fleißig im Garten, die Linde rauschte, eine Amsel flötete. Den Höhepunkt des Nachmittags bildete eine Andacht des Herrn Pastors, der im dunklen Rock dem »Tisch der tausend Jahre« präsidierte.

Welches Glück, aber auch welche Dankbarkeit empfanden diese alten Leutchen, wenn sie, in der Hoffnung auf ein baldiges Wiedersehen, mit Blumen in den zittrigen Händen und Segenswünschen auf den Lippen aus unserem Garten schieden! Ja, da mußten der Haushalt und wir Kinder etwas zurückstehen. Denn auch wir waren nur ein Teil der größeren Gemeinschaft, der meine Eltern dienten. Die Gemeinde, das war der urchristliche, ehrfurchtgebietende Begriff, dem alles untergeordnet wurde. Und so wie meine Eltern Vorbild und Diener der Gemeinde waren, erwarteten sie dies auch von uns.

O DIESE MÄDCHEN

Ach, leider waren wir gar keine Vorbilder, sondern rechte wilde kleine Heidenkinder, die in fremden Gärten Äpfel stahlen und niemals rechtzeitig zum Gottesdienst fertig waren. Beim besten Willen wäre unsere Mutter nicht mit uns allein fertig geworden, wenn nicht Vaters Rohrstock und Tante Mieze des öfteren für Ruhe gesorgt hätten. Aber während Vaters Rohrstock sozusagen das letzte Mittel demokratischer Erziehung darstellte, dessen »Eindrücke« sehr selten den Seelenkern erreichten, bezauberte Tante Mieze unsere kleinen Herzen ohne Anwendung von Gewalt durch die ihr verliehene Gabe des Geschichtenerfindens und -erzählens.

Tante Mieze war eine kleine, bucklige Person mit kindlich frommem Herzen und ungeschickten Händen. Wenn sie die Aufgabe erhielt, den jeweiligen Säugling im hochrädrigen Kinderwagen spazierenzufahren, so ertönte sicher schon wenige Minuten nach der Abfahrt ein Jammergeschrei des Babys, das infolge Tante Miezes geringer Fahrkunst ein Bad in irgendeiner Pfütze nahm. Im Umwerfen war Tante Mieze nämlich geradezu Meister, und oft schlug Mutter die Hände zusammen und sagte: »Oh, Tante Mieze, wie haben Sie das nur wieder fertiggebracht?«

Aber wenn es Abend wurde und Mutter den eisernen Kochkessel mit Suppe aufs Feuer stellte, dann hockten wir in einem unserer Schlafzimmer um Tante Mieze herum, und während die Dämmerung geheimnisvoll durchs Fenster flutete und die ersten Sterne am Himmel aufblitzten, begann sie zu erzählen. Ihre gute Stimme raunte von der Hexe im Wald, von Riesen und Zwergen, von einem Goldschatz im grünen See, von Feuerblumen und seltsamen Tieren. Wir lauschten atemlos. Wenn Tante Mieze uns dann mit den Netzen ihrer Erzählkunst umstrickt hatte, glitt sie geschickt ins Pädagogische hinüber. Dann berichtete sie von einem »Doktorhaus«, in dem Kinder lebten, die uns zum Verwechseln ähnlich, nur viel, viel besser waren. Und wenn Fritz im Doktorhaus zwar auch Untaten begangen hatte, die den meinigen aufs Haar glichen, aber diese dann wenigstens tief bereute, so gelobte ich endgültige Besserung. Leider ist es wohl im allgemeinen beim guten Vorsatz geblieben, mit dem bekanntlich der Weg zur Hölle gepflastert ist. Doch während der Zeit, da Tante Mieze mit ihren Geschichten aus einer Räuberbande eine Lämmerherde machte, konnten wir keinen neuen Unfug stiften, und unsere geplagte Mutter hatte ein Stündchen Ruhe.

Die gute Tante Mieze hat ein hohes Alter erreicht. Nachdem sie uns verlassen hatte, um zu Verwandten überzusiedeln, wurde sie später von Betty in deren Haushalt geholt, um traditionsgemäß auch die nächste Generation dem Pfützenbad zu unterziehen!

Es war klar, daß Mutter angesichts der wachsenden Kinderschar und der sich mehrenden Pflichten in der Gemeinde ohne eine tatkräftige Hilfe in Haushalt, Küche und Garten nicht fertig werden konnte. Aber wo fand sich diese Hilfe? Es ist mir unverständlich, daß Oswald Spengler in seinem tiefschürfenden Buch vom »Untergang des Abendlandes« an diesem Hauptsymptom der Auflösung gesellschaftlicher Ordnungen vorbeigegangen ist! Wahrscheinlich war er Junggeselle.

Amerika mag dies Problem, ich spreche von der Dienstmädchenfrage, mit Tellerwaschmaschinen und Konservenmahlzeiten für sich gelöst haben. Aber das patriarchalische Europa scheint mir vor allem an dieser Frage zugrundezugehen. Jedenfalls ist die Zahl der Stützen, Haustöchter mit Familienanschluß und Dienstmädchen, die unseren Haushalt im Laufe der Jahre passierten, kaum zu übersehen, und das lag nicht allein am Temperament unserer Mutter, die weder Faulheit noch Falschheit ertragen konnte.

Unsere treuesten und zuverlässigsten Hilfen stammten natürlich aus dem Dorf selbst. Marie und Grete waren Perlen, die bis zu ihrer Heirat bei uns »dienten« in des Wortes schönster Bedeutung. Sie gehörten zur Familie und hinterließen bei ihrem Scheiden eine Lücke, die nicht geschlossen werden konnte. Was half es, daß die gute alte Mutter Essbach, die wie Mutter hinkte und uns bei Bedarf den Scheuerlappen um die Ohren schlug, immer wieder zur Aushilfe kam!

Für einen kinderreichen Haushalt Hilfe zu bekommen war schon um die Jahrhundertwende schwierig, denn damals begann die Verstädterung und Industrialisierung. Die dörfliche Gemeinschaft lockerte sich. Immer mehr Mädchen und junge Burschen wanderten in die Stadt, um dort in der Fabrik mehr Geld an einem Tag zu verdienen als auf dem Lande in einer Woche. Was wußten sie davon, daß dieses Geld ja kaum in ihren Händen blieb, sondern für zweifelhafte Vergnügungen dahinschwand! Wer sagte ihnen, daß sie ihr dörfliches Paradies mit Steinkästen und der schrecklichen Einsamkeit der Großstadt vertauschten? Das Geld lockte, der Seiden-

strumpf, der Achtstundentag! Daß der Beruf einer Hausge-
hilfin eine Vorbereitung auf den eigenen Hausstand war,
sozusagen eine bezahlte Lehrzeit für die Ehe, wie konnte das
ein Mädchen interessieren, das erst heiraten wollte, wenn es
sich zuvor genügend »amüsiert« hatte! In den zwanziger
Jahren war es kaum mehr möglich, im Dorf ein Mädchen zu
finden, das sich im Haushalt verdingte. Also was tun?

Nun, es gab bei uns eine Zeitschrift mit dem schönen Namen
»Daheim«. In dieser Zeitschrift inserierten die Töchter des
Landes um eine Stelle als »Haustochter« oder »Stütze«. Nicht
zuviel Arbeit, nicht zuwenig Lohn, Familienanschluß, ver-
steht sich!

Es wurde beschlossen, zuerst einen Versuch mit einer »Stütze«
zu machen. Die erste kündigte bereits nach drei Tagen, weil
wir bei Tisch zur Übung französisch sprachen. Die zweite
beschwerte sich, weil Mutter sich weigerte, ihr das Frühstück
ans Bett zu bringen. Auch waren ihr die Eier zu hart oder zu
weich gekocht, je nach Laune. Sie verließ uns also, von keinem
betrauert, schon nach acht Tagen.

Da half Frau Oberin, die Leiterin eines Fürsorgeheims in
unserer Kreisstadt oder, wie man in England sagen würde,
eines Heimes für gefallene Mädchen. Sie machte Mutter das
freundliche Angebot, ihr eines dieser Mädchen für den Haushalt zur Verfügung zu stellen. Und Mutter nahm an. Es war
nicht allein die Überbürdung im Haushalt, die sie dazu veranlaßte, sondern Mutter und Vater sahen gleichzeitig wieder
einmal eine Gelegenheit, einen irregeleiteten Menschen auf
den geraden Weg zu führen. So kam Lisbeth zu uns.

Frau Oberin hatte mit Bedacht ein Mädchen ausgesucht, das
auch für landwirtschaftliche Arbeiten geeignet war. Und Lisbeth hatte einen Erfolg wie ein Boxchampion, als sie gleich
am ersten Tag einen Zweizentnersack mit Kartoffeln spielend

auf die Schulter nahm. Sie war eine große, starkknochige Person mit mächtigem Busen und riesigen Händen und konnte arbeiten wie ein Pferd. Sie hatte ein rotes, vollblütiges Gesicht mit großen blauen Augen, die reine Walküre. Niemand hätte vermutet, daß diese Frau eine richtige Verbrecherin war, die später auch im Zuchthaus endete. Nur Mutter hat ihr wohl nie ganz getraut, vor allem, als sie eine Angel in meinem Besitz fand, die mir Lisbeth geschenkt hatte, obwohl sie ebenso wie ich wußte, daß Fischen verboten war.

Eines Tages hatten wildernde Hunde die Eisenstäbe unseres Kaninchenstalles losgerissen und die armen Stallhasen abgemurkst, achtundvierzig an der Zahl. Vaters Kaninchenzucht war vernichtet, seine »Belgischen Riesen« und »Blauen Wiener« waren dahin. Und unser Sonntagsbraten auch!

Am nächsten Morgen kam Lisbeth aufgeregt aus dem Schweinestall ins Haus gestürzt: Die Schweine waren weg! Bald fand sich eine Spur. Im Garten lagen die blutigen Eingeweide unserer prächtigen Borstentiere, Mutters ganzem Stolz. Lisbeth meinte, es seien wieder die Hunde gewesen. Aber wie konnten Hunde das schwere Schloß des Schweinestalls aufbrechen!

Es stellte sich dann auch heraus, daß das Schloß gar nicht aufgebrochen, sondern aufgeschlossen worden war. Dieses Schloß war ein handgeschmiedetes Monstrum, das nur mit einem vielgezackten und großbärtigen Schlüssel zu öffnen war. Dieser aber hing nach wie vor am Schlüsselbrett. Der Täter mußte also im Haus gewesen sein.

Jetzt benachrichtigte Vater die Polizei. Die kam noch am gleichen Tage und stellte durch Fingerabdrücke schnell die Täter fest. Es waren zwei bekannte Berufsverbrecher aus der Hauptstadt. Ihre Helfershelferin aber war unsere Lisbeth! Lisbeth kam hinter schwedische Gardinen.

Ihre Nachfolgerin hieß Pauline. Diese benutzte die Übersiedlung aus dem nach strengen Grundsätzen geleiteten Heim in unser freiheitliches Haus, um bereits in der ersten Nacht durch das Fenster ihrer Mädchenkammer zu verschwinden. Nach acht Tagen kehrte sie hungrig und abgerissen wieder zurück. Der Ausflug in die Freiheit hatte sich offenbar nicht gelohnt. Von nun an arbeitete sie fleißig, nur die Männer ... Meine Eltern hatten Frau Oberin gegenüber die Verpflichtung übernommen, ganz besonders auf die sittliche Wiederaufrichtung des gefallenen Engels Pauline zu achten, und hofften, daß die reine und schöne Atmosphäre unseres Hauses auch bei diesem verirrten Wesen edlere und feinere Regungen hervorrufen würde.

Da hörte Vater eines Nachts eine Männerstimme aus Paulines Kammer. Er klopfte an die Tür und befahl Pauline zu öffnen. Diese gehorchte und fragte schüchtern und schlaftrunken, warum Herr Pastor sie mitten in der Nacht wecke. Vater sah sich mißtrauisch in der Kammer um, glaubte er doch, ausgezeichnete Ohren zu haben. Aber die Kammer war leer. Schon wollte er sich beruhigt von dannen wenden, als er unter Paulines Bett ein nacktes Männerbein erspähte. Es spricht für Vaters gründliche Kenntnis seiner Gemeindeglieder, daß er, wie ein Bildhauer vom Teil aufs Ganze schließend, bereits an diesem Bein den Übeltäter erkannte. Die Worte »August, komm mal raus« haben seitdem in unserer Familie historische Bedeutung erlangt, und August wird die Striemen des Rohrstocks, mit dem ihn Vater in heiligem Zorn durchs offene Fenster jagte, nicht so bald vergessen haben. Die ehrvergessene Pauline aber mußte am nächsten Tag trotz bitterer Tränen ihr Bündel schnüren und ins Heim zurückkehren, wo sie nach dieser Erfahrung von der Frau Oberin wieder sehr energisch in Obhut genommen wurde.

Nach diesen beiden Versagern vermittelte uns Frau Oberin ein junges Mädchen, das noch nicht im Heim gewesen war und aus einer armen Schusterfamilie stammte. Sie hieß Martha und hatte einen eleganten Bubikopf, die Modefrisur der damaligen Zeit. Trotz ihrer Armut sah man ihr die Großstädterin sofort an, und Mutter meinte resigniert: »Na, die wird auch nicht lange bleiben!« Nun, Martha ist viele Jahre bei uns gewesen. Sie war etwas schlampig, und man mußte ihr bei der Arbeit auf die Finger sehen, aber sonst war sie gut und treu, und wir Kinder mochten sie ebenso gern wie sie uns.

Unvergessen bleibt mir der erste Tag von Marthas Aufkreuzen. Mutter entdeckte nämlich in ihren schwarzen Locken jene fleißigen Tierchen, die man »Bienen« zu nennen pflegt, obgleich sie keinen Honig hervorbringen. Martha wurde also ratzekahl geschoren und die Kopfhaut mit Spiritus massiert, eine Prozedur, die bei uns Kindern mehr Anklang fand als bei der weinenden Martha. Diese trug dann noch längere Zeit ein Mützchen, das ihre unweibliche Blöße bedeckte, bis diese sich in einen hübschen Pagenkopf verwandelt hatte. Als sie uns Jahre später verließ, haben wir ihr Scheiden sehr bedauert. Es gab also auch »Perlen« unter Frau Oberins Mädchen.

Lange nach dieser Zeit — Johannes und ich waren schon Studenten — und Georg hatte bereits zwei Flugzeugabstürze hinter sich — fuhr eines Tages ein elegantes Auto bei uns vor, dem eine noch elegantere Dame entstieg mit Modellkleid und Silbercape. Es war Martha, die »Bienenmartha«. Sie hatte einen gutsituierten Geschäftsmann geheiratet und war offensichtlich glücklich. Sie weinte ein paar Wiedersehenstränen und auch Mutter war gerührt. Als sie im Auto davonrauschte, mit einem Blumenstrauß winkend, den Mutter ihr im Garten geschnitten hatte, blickte diese ihr lange nach und seufzte wie in alten Zeiten: »O diese Mädchen!«

TIERGESCHICHTEN

Ich erlaubte mir bereits eingangs, den Familienhund Molli vorzustellen, das dackelbeinige Individuum mit der Brust eines Boxers, den Ohren eines Spitzes und dem schwarz-weiß gefleckten Fell einer Dogge. Manche Hunde haben unser dörfliches Leben geteilt, aber keiner hat so lange und treu gedient wie Molli, der fromme Molli.

Ja, Molli war fromm! Oder läßt es sich bestreiten, daß ein Hund, der jeden Sonntagmorgen eingesperrt werden mußte, damit er nicht zur Kirche lief, Anspruch auf dies Attribut erheben durfte, selbst wenn er damit laue Kirchgänger, wie zum Beispiel mich, aufs tiefste beschämte?

Das Einsperren war gar nicht so einfach. Schon in den Morgenstunden war Molli mit Sicherheit verschwunden, und nicht immer hatte ein Suchkommando Erfolg. Molli wußte ganz genau, daß seine Häscher nur wenig Zeit zum Suchen hatten, da sie ja auch zur Kirche wollten. Kaum war die Luft rein und der letzte Kirchgänger eilenden Fußes entwichen, so kroch Molli aus seinem Versteck hervor und jagte durch Gärten und Hecken dem steinernen Ziel seiner Sehnsucht zu. Und wir konnten sicher sein, daß Molli — wenn das Suchkommando keinen Erfolg gehabt hatte — schon mucksmäuschenstill im Gotteshaus unter einer Bank kauerte, um den feierlichsten Augenblick für sein Erscheinen abzuwarten.

Das war der Augenblick, wo Vater mit schwarzem Talar und weißem Beffchen auf die Kanzel stieg, um die zahlreich versammelte Gemeinde durch eine seiner tiefgründigen Predigten zu erbauen.

Kaum hatte er die ersten Worte gesprochen, so tauchte ein schwarz-weißer Fleck unter der vordersten Bank auf, und Molli setzte sich unter der schöngeschnitzten Kanzel in Positur, die Ohren aufmerksam gespitzt, die klugen, braunen Augen auf Vater gerichtet. Der hatte ihn schon erspäht.

»Schmalz«, sagte er streng zum Kirchendiener, »Schmalz, bringen Sie den Hund hinaus!«

Das war leichter gesagt als getan. Der gute Schmalz war nicht mehr der Jüngste, und Molli war schlau. Blitzschnell war er wieder unter der Bank verschwunden, um sich dem Zugriff der Obrigkeit zu entziehen.

Armer Schmalz! Wie sollte er nur den fixen Molli, der unter keinen Umständen gewillt schien, den Ort der Andacht zu verlassen, an seinem jämmerlich kurzen Schwanz erwischen? Nur mit Hilfe der erheiterten Gemeinde gelang es, nach manchem Hin und Her den wieselflinken Störer des Gottesdienstes zu ergreifen und vor die Tür zu setzen.

Als Molli Aufnahme in der Familie gefunden hatte, war er schon nicht mehr der Jüngste. Maria hatte ihn als bereits betagten Hundeknaben von einer Pensionsfreundin geschenkt bekommen mit dem Bemerken, daß er ein großer Rattenjäger sei. Und da wir in Stall und Scheuer mehr als genug von dieser Landplage hatten, wurde Molli hochwillkommen geheißen.

Nur eine Untugend hatte er, nämlich einen eingefleischten Haß gegen alles Uniformierte. Er liebte die Zerlumpten und Landstreichenden, die »lieben Brüder von der Landstraße«, wie Vater Bodelschwingh sie nannte, wobei ich dahingestellt bleiben lassen will, ob dies wirklich eine Untugend war.

Kam ein Bettler auf den Hof, so gab Molli keinen Laut von sich, kam aber der Briefträger oder gar ein Polizist, so verwandelte er sich in einen reißenden Wolf. Ein bösartiger Ausdruck kam in seine gutmütigen Augen, er bleckte die Zahnstummel und knurrte fürchterlich. Wie er es überhaupt fertigbrachte, mit diesen Zahnrudimenten zu beißen, war uns schleierhaft. Ach, wie viele Briefträgerhosen mußte Vater bezahlen!

Molli war ein großer Rattenbesieger. Er haßte diese langschwänzigen grauen Nagetiere mit einer Wildheit, die auf Erbfeindschaft zwischen seinem und ihrem Geschlecht schließen ließ. Und man brauchte nur die Worte auszusprechen: »Ratz, Ratz«, so sträubten sich seine Rückenhaare wie bei einer Katze, und er ließ ein grimmiges Knurren hören.

Georg hat diesen, uns im Hinblick auf die Rattenvertilgung doch sehr nützlichen Haß einmal schwer mißbraucht. Hinter dem bewußten Örtchen befand sich die Jauchegrube, die mit Brettern zugedeckt war. Diese mußte von Zeit zu Zeit mit einem langen Schöpfer entleert werden, um den Garten mit dem köstlichen Naß zu tränken. Natürlich war diese Tätigkeit wegen des ausdrücklichen und langhaftenden Duftes nicht sehr beliebt und wurde daher in einem bestimmten Turnus von uns wahrgenommen.

Diesmal war Georg an der Reihe. Molli leistete ihm Gesellschaft. Oh, hätte er es nicht getan! Der nichtsnutzige Georg nämlich kam auf den verwerflichen Gedanken, Molli zu reizen und zu necken und schließlich, unter Anheben eines Brettes über der Jauchegrube, den verhängnisvollen Jagdruf erschallen zu lassen: »Ratz, Ratz!«

In der Annahme, unter dem Brett habe sich eine Ratte verborgen, stürzte sich Molli mit gesträubtem Fell ins vermeintliche Kampfgetümmel, das heißt: in die Jauchegrube!

Da paddelte er nun ängstlich mit allen vieren, die Schnauze hoch erhoben, und versuchte, Land zu gewinnen. Da ihm dies nicht gelang, nahm der erschrockene Georg die große Schöpfkelle und fischte den armen Schwimmer mit Schwung heraus. Kaum war dieser in wenig schöner Verfassung an Land, so schoß er wie ein Pfeil von dannen durch die offenstehende Haustür und die Beine der matratzenklopfenden Martha hindurch ins Schlafzimmer meiner Eltern, wo er sich schamerfüllt unter die Betten verkroch.

Man erspare mir die Schilderung von Mollis Gefangennahme und Säuberung! Noch wochenlang war das ganze Haus, vornehmlich das Elternschlafzimmer, von einem keineswegs lieblichen Duft durchtränkt, der weder durch Seife noch Lysol zu beseitigen war.

Es war ein Glück, daß Mollis Jagdleidenschaft durch diesen schnöden Mißbrauch nicht zum Erliegen kam, im Gegenteil! Offenbar haftete ihm nunmehr keinerlei hündischer Geruch mehr an, so daß Mollis Opfer ihren erbittertsten Feind nicht mehr wittern konnten. Das wurde einem Tier zum Verhängnis, das später ausgestopft als Jagdtrophäe in Thomas' Zimmer prangte.

Es war zur Erntezeit. Das Korn war geschnitten und wurde, wie bei uns zu Haus üblich, sofort an Ort und Stelle auf dem Felde ausgedroschen. Die Dreschmaschine brummte, Sack auf Sack füllte sich mit goldenem Segen, wurde zugebunden und verladen, höher und höher wurde die Strohmiete, sommerliche Rodelbahn der Kinder.

Molli vergnügte sich damit, die Löcher der Feldmäuse zu untersuchen und aufzubuddeln. Plötzlich ein vielstimmiger Schrei. Ein gelber Blitz schoß aus der Strohmiete. Ein Iltis? Ein Marder? Ein Hamster! Wie eine große braune Ratte flitzte er übers Feld und versuchte zu entkommen. Doch Molli war schneller. Die krummen Beine wirbelten, die Ohren lagen flach am Kopf, und der walzenförmige Körper schoß wie ein Torpedo hinter dem feisten Kornräuber her, der sich jetzt zähnefletschend zum Kampf stellte.

Es wurde ein erbittertes Ringen. Der Hamster versuchte, mit seinen großen gelben Zähnen Molli am Hals zu packen, und knurrte und fauchte wie ein Teufel. Aber Molli ließ sich nicht ins Bockshorn jagen. Ein jäher Sprung in den Rücken des Räubers, ein scharfer Biß ins Genick und um den Hamster war's geschehen! Mit funkelnden Augen schleifte Molli seine Beute zu Vater und legte sie ihm zu Füßen, waidgerecht wie ein echter Jagdhund. Offenbar war also auch ein Jagdhund unter seinen vielrassigen Vorfahren.

Molli hat ein für Hunde geradezu biblisches Alter erreicht und unsere ganze Kindheit begleitet. Er war unser Gefährte bei schweren Gefechten mit der Dorfjugend, er stand Wache, wenn wir den Obstbäumen in unserem oder in des Nachbars Garten verschwiegene Besuche abstatteten. Ja, er nahm teil an unseren Seefahrten, wenn auch mit Zittern und Zagen, denn das Wasser war nicht sein Element.

Es gibt in Homers »Odyssee« eine ergreifende Stelle: wie der listenreiche Odysseus nach langen, langen Jahren heimkehrt zu Frau und Kind. Niemand erkennt ihn, nicht einmal Penelope, die Getreue. Aber der alte Hofhund, blind und fast taub, erkennt seinen Herrn und leckt ihm die Füße.

An diese Szene wurde ich erinnert, als ich nach langen Jahren der Abwesenheit ins Elternhaus zurückkehrte. Auf einer Strohmatte lag blind und fast taub der alte Molli und döste vor sich hin. Doch als ich durch die Tür trat, hob er mühsam den Kopf und winselte leise. Er hatte mich erkannt. Wenige Tage später wurde er von seinen Leiden erlöst.

Vom Pferd Alex hatte ich schon erzählt. Seine Vorgängerin war die Stute Senta, Vaters erstes Pferd. Es war ein schönes braunes Tier mit klugen goldbraunen Augen, Vaters ganzer Stolz und unser stetes Glück. Auf Senta machten wir die ersten zaghaften Reitversuche, mit Senta machten wir die ersten Fahrten in die uns Kindern so groß erscheinende Welt, und niemals hat mich als Kind etwas so erschüttert wie Vaters Abschied von Senta.

Der erste Weltkrieg tobte, und Vater rückte als Zugführer der Sanitäter ins Feld. Da auch Knecht Gustav Soldat wurde, blieb niemand zu Sentas Versorgung zurück. Sie mußte verkauft werden.

Es war schon spät am Abend, als ich in den Pferdestall huschte, um Senta ein Stück Zucker zum Knabbern zu bringen. Die Fledermäuse kreisten lautlos über dem dämmrigen Hof. Aus der geöffneten Stalltür tönte das behagliche Muhen unserer braven Kuh, ein Zicklein meckerte, das Schwein Hans schmatzte in seinem Kober.

Senta stand in der Box und wieherte leise, als spräche sie mit jemand. Da sah ich Vaters Arm um ihren Hals. Er hatte den Kopf an Sentas Flanke gelegt und schluchzte leise. Er nahm Abschied von seinem Pferd.

Ich schlich hinaus. Ich begriff sofort, daß hier etwas Heiliges vor sich ging... ein Freund nahm Abschied von seinem Freund! Und beide wußten, daß es ein Abschied war. Denn auch Senta wurde eingezogen und kehrte nicht zurück. Eine Granate zerfetzte sie in der gleichen blutigen Schlacht, in der eine letzte verirrte Kugel auch den Freund meiner Kinderjahre, unseren Knecht Gustav, in die Schläfe traf. So ruhen Pferd und Knecht in der blutgetränkten Erde Flanderns.

Nachdem Senta eingezogen war, blieb der Pferdestall jahrelang leer. Wo sollten wir nun unsere Reitkünste erproben, vor allem die jüngeren Geschwister, die noch auf keinem Pferderücken gesessen hatten? Da wußte Grete, unsere damalige Perle, Rat. Während sie die dicke, schwarzbunte Kuh molk, hob sie immer einen von den Kleinen auf den massigen Rücken des gutmütig muhenden Hornviehs. Die thronten dann dort oben, stolz wie die Spanier — was machte es, daß es kein edler Renner war!

Nun hatte unsere Kuh eine Angewohnheit, die für den Melker sehr unangenehm war. Sie schlug nämlich während des Melkens unaufhörlich mit dem Schwanz um sich und traf, da der Schwanz schön lang war, hin und wieder den Melker mit der Quaste ins Gesicht. Da hatte Grete ein geniales Gegenmittel erfunden. Sie band nämlich vor dem Melken einen Ziegelstein an den Schwanz! Nun konnte sie sich in Ruhe der nutzbringenden Tätigkeit des Melkens hingeben.

Eines Abends thronte Johannes auf dem breiten Rücken der Familienkuh, während Grete mit geschickten Händen den weiß schäumenden Strahl in den Melkeimer zischen ließ. Am Schwanz der Kuh hing besagter Ziegelstein. Ruhig schwenkte die Kuh den Schwanz hin und her. Der Stein pendelte von links nach rechts, von rechts nach links, von links nach rechts, von rechts nach . . . päng, hatte Grete einen Volltreffer an den Kopf erhalten, daß sie mit einem Aufschrei vom Melkstuhl stürzte. Sofort stimmte Johannes, der kleine Cowboy, ein Zetergeschrei an und klammerte sich ängstlich an sein Reitvieh. Das war zuviel für die sensiblen Nerven dieses großäugigen Wesens. Mit jähem Sprung fuhr es mit allen vieren gleichzeitig in die Höhe, stieß dabei den Melkeimer um, trat der aufkreischenden Grete ins Gesäß und versuchte, den lautbrüllenden Johannes abzuwerfen. Der hockte wie ein Äffchen auf einem Elefanten und schrie aus Leibeskräften.

Glücklicherweise war Grete inzwischen wieder hochgekommen und rettete den armen Reitersmann vor einem unrühmlichen Ende. Wir aber haben schrecklich gelacht über diesen »Stierkampf«.

Ich selbst war schon in frühester Jugend ein Liebhaber von Kühen. Wie warm und schön war es im Kuhstall, wenn die Schwalben zwitschernd umherschossen, wenn das behagliche Kauen des Hornviehs zu hören war und die großen, feuchten Augen bis auf den Grund der Seele zu blicken schienen. Als ich dann zur Schule ging, bescherten mir die guten Tiere manch herrlich-ungebundenen Tag. Meine Freundin Ida zeichnete sich durch so geringe Intelligenz aus, daß sie mit nichts anderem zu beschäftigen war als mit Kühehüten. Diese Tätigkeit erschien mir damals viel bedeutender als das dumme Schulhocken. Ich blieb einfach aus der Schule weg und leistete ihr Gesellschaft.

Hei, war das ein Leben! Ida war Beherrscherin einer ganzen Kuhherde, die sie frühmorgens auf die Weide trieb. Ich schloß mich an, den Schulranzen wohlweislich auf dem Rücken, um die Eltern über meinen neuen Beruf als Cowboy im unklaren zu lassen. Wir klopften Weidenflöten und Schalmeien, ich las Ida Geschichten aus meinem Lesebuch vor, und Ida teilte mit mir ihr Frühstücksbrot und Mittagessen, das sie in einer blauen Emaillekanne mit sich führte. Wenn die Kühe sich satt gefressen hatten, legten sie sich nieder und dösten kauend und mahlend vor sich hin. Dann pflückten wir Walderdbeeren, die in einem kleinen Graben wuchsen, badeten im nahen See und ließen im übrigen den Herrgott und den Herrn Lehrer einen guten Mann sein.

Der Lehrer nahm natürlich an, daß ich krank sei. Aber, wie das auf einem kleinen Dorf so ist, Pfarrer und Lehrer sind ein Herz und eine Seele (so soll es jedenfalls sein!) und haben durch ihre Arbeit so viele Berührungspunkte, daß die Aufdeckung meines eigenmächtigen Handelns nicht lange auf sich warten ließ. Der alte Kantor Knabe fragte meinen Vater, wie es dem kleinen Kranken ginge. So kam die Missetat ans Licht, und ich erhielt, als ich abends stolz nach Hause kam, eine gesalzene Tracht Prügel, die meinen Freiheitsdrang erheblich abkühlte.

Damit war aber mein Hirtenleben noch nicht zu Ende. Wir hatten außer unserer guten Kuh noch zwei Ziegen und eine lebhaft schnatternde Schar von Gänsen, die gehütet werden mußten. Das Hüten der Ziegen war verhältnismäßig einfach. Sie wurden an einem langen Strick angepflockt und dann tagsüber sich selbst überlassen. Aber das Heimholen am Abend war eine Tortur. Ungeduldig meckernd blickten die pralleutrigen Tiere dem Kommenden entgegen. Oft hörte man schon von weitem ein halbersticktes Röcheln. Die Ziegen waren dann so oft und so lange im Kreis umhergelaufen, bis der Strick sich völlig auf dem Holzpflock aufgewickelt hatte, daß sie nun mit heraushängender Zunge ängstlich meckernd neben dem Pflock standen. Wickelte man dann den Strick ab, so sprangen sie bald hierhin, bald dorthin, und ehe man sich's versah, war man rundherum eingewickelt wie eine Mumie.

Auch das Gänsehüten war nicht ohne Gefahren für einen wissensdurstigen kleinen Jungen. Trieb ich zum Beispiel die Gänse aus, so wurde mir die Sache recht bald langweilig. Wie weiße Federkissen hockten die gefiederten Schnatterer um mich herum, ließen die klugen Äuglein umherwandern, legten die Köpfe schief und blinzelten in den blauen Sommerhimmel. Eitel Frieden!

Da konnte ich es wohl wagen, ein bißchen zum See hinunter-
zugehen, um das eben geschnitzte Borkenschiff schwimmen
zu lassen oder ein aus Strohhalmen verfertigtes Wasserrad
auszuprobieren. Die Gänse waren ja brav und das Haferfeld
Nachbar Collins weit.

Wie flimmerte das gleißende Licht der Sonne auf den wind-
bewegten Wellen! Wie wunderbar und geheimnisvoll türmten sich die weißen Wolkenburgen am Horizont!

Ach, und wie furchtbar dröhnte plötzlich Nachbar Collins
Stimme, der, rot vor Wut und Hitze, meine Gänse aus seinem
Haferfeld jagte!

Das waren bange Stunden für ein kleines Jungenherz. Denn
ich mußte befürchten, daß Nachbar Collin meine Unauf-
merksamkeit Vater meldete. Was das bedeutete, wußte ich
nur zu genau!

Ja, das Leben mit Tieren war nicht einfach, ob es die
Gänse waren, der kitzlige Alex oder die heimtückischen
Ziegen. Nur Molli war unser treuer und verläßlicher Spiel-
kamerad.

Merkwürdig war Mutters Abneigung gegen Katzen. Wir
haben nie eine eigene Katze gehabt, und dabei waren Katzen
doch so sauber und nett, vor allem Peter, die Katze unserer
Nachbarin. Wie schon der Name andeutet, war es ein Kater,
und was für einer! Mit blankem, schwarzseidigem Fell, eine
rote Schleife um den dicken Hals, lag er behaglich schnurrend
auf der Schwelle des Nachbarhauses und blickte aus grüngoldenen Lichtern rätselhaft ins Weite, ein Pascha unter den
Katzen! Seine Herrin liebte ihn über alles, überschüttete ihn
mit Leckerbissen und Zärtlichkeiten und verwöhnte ihn so
gründlich, daß keine noch so fette Maus ihn aus seiner Ruhe
bringen konnte.

Eines Tages ertönte ein Schreckensschrei der Nachbarin: Der

Kater war weg! Spurlos verschwunden! Händeringend kam sie zu uns und bat, den Kater zu suchen. Wir wüßten doch, wie sie an Peterchen hinge. Sie würde den Finder königlich belohnen.

Nun, wir waren auch ohne Belohnung bereit, den Kater Peter zu suchen und wieder herbeizuschaffen. Stall und Scheune wurden durchsucht, Garten und Haus, Peter war und blieb verschwunden.

Beim Abendessen war nur von Peter die Rede, und die zartbesaitete Margrit malte sich unter Tränen das Schicksal des armen Katers aus, der nun glatt verhungern müsse, falls er überhaupt noch am Leben sei.

Es wurde Nacht. Georg und ich schliefen in unserer Bodenkammer den Schlaf der Gerechten. Plötzlich erwachte ich. Auf dem Boden spukte es. Es fauchte, knurrte, ängstlich pfiff eine Maus, eine wilde Jagd tobte über die morschen Dielen. Auch Georg war inzwischen aufgewacht. Vorsichtig öffneten wir die Tür und sahen gerade noch den Kater Peter unterm Dach verschwinden. Der Ausreißer war gestellt! Die Bodentür wurde verschlossen, und wir legten uns ins Bett mit dem Gefühl, eine große Tat vollbracht zu haben.

Früh am anderen Morgen gaben wir der Nachbarin Bescheid. Die kam, noch im Morgenrock, glückstrahlend, einen fetten Bücking in der Hand.

»Peterchen, Liebling, komm doch zu Frauchen«, lockte sie zärtlich, den Bücking vor sich haltend. Doch Peterchen wollte nicht. Ihm erging es wie so vielen Wesen auf dieser Erde, die die Freiheit gekostet haben und nicht mehr davon lassen wollen.

Pfui, dachte Peter, was brauche ich deinen Bücking, wenn ich ein freies Katerleben führen kann, mit Mäusefang und Mondscheinnächten!

Die Nachbarin stieg auf einen Stuhl und blickte vorsichtig unters Dach. »Da sitzt er ja«, flüsterte sie aufgeregt, »komm doch, mein Liebling, komm, komm, Frauchen hat einen so schönen Bücking für dich«, und schwenkte diesen verführerisch in der Luft.

Das war zuviel für Peters Magennerven. Ein Satz, ein Schrei, der Bücking war verschwunden, die Nachbarin tanzte mit blutendem Finger auf dem Stuhl umher. Der Kater aber saß wieder unterm Dach.

Die Nachbarin war entsetzt. Ihr Peter hatte sie gebissen, ihr guter Peter! Das kam davon, wenn man so ein Tier nicht dauernd unter Kontrolle hielt, dann wurde es frech und aufsässig. Wir lächelten und dachten an ihren armen Ehemann, der, wie wir wußten, nichts zu lachen hatte.

Es wurde beschlossen, Peter auszuhungern. Er sollte es spüren, was es hieß, die Fleischtöpfe einer gesicherten Existenz zugunsten zügelloser Freiheit zu verlassen. Reumütig, auf hungergeschwächten Pfoten, sollte er zu seiner Herrin zurückkehren, so lautete ihr schrecklicher Entschluß.

Die Hungerkur begann. Vorläufig konnte sie noch nicht zum Erfolg führen. Der Bücking war fett. Aber nach drei Tagen! Nach drei Tagen war Peter ein Raubtier geworden, ein Wildkater, ein Luchs, ein Leopard, der tagsüber im Dschungel des weitverzweigten Bodens verschwand und nachts mit wüstem Getöse über die Planken fegte.

Eines stand fest: Die Hungerkur hatte gewirkt! Peter fraß jetzt alles. Die letzte Maus unterm Dach hatte längst unter den schrecklichen Krallen des hungrigen Jägers ihr Leben ausgehaucht. Ein Schälchen Milch, das eine mitleidige Seele ihm heimlich in eine Ecke gestellt, war längst ausgeschleckt, ja sogar ein alter Lederpantoffel zu zwei Dritteln verzehrt. Wir konnten es nicht mehr mitansehen. Niemand traute sich mehr auf den Boden aus Angst, das Untier könne ihm ins Genick springen.

Und so wie der Kater war unsere Nachbarin abgemagert, aber vor Kummer. Dunkle Schatten um ihre Augen zeugten von schlaflosen Nächten, täglich kam sie auf unseren Boden und versuchte, Peter mit schmachtenden Tönen in ihre Arme zu locken. Vergeblich!

Da hatte Georg die rettende Idee. »Ich baue eine Katzenfalle«, verkündete er gelassen, als handele es sich um die Zubereitung eines Spiegeleis.

Wir starrten ihn an. Eine grandiose Idee! Die Nachbarin brach in Freudentränen aus und versprach Georg, ihn zu ihrem Universalerben einzusetzen, wenn er ihren geliebten Peter finge.

Einen ganzen Tag schloß Georg sich ein, um in schöpferischer Einsamkeit das Werk zu vollbringen, dann durften wir die Falle besichtigen. Es war eine große Kiste mit einer Klappvorrichtung, die mit einem Köder im Innern der Kiste gekoppelt war. Eine totsichere Sache!

Die Falle wurde aufgestellt mit einem fetten Bücking als Köder. Halali, die Jagd konnte beginnen!

Es wurde Nacht. Wir lagen in unserem Zimmer auf der Lauer, bereit, beim Niedersausen der Klappvorrichtung sofort hinauszustürzen, um jeden Ausbruchversuch im Keime zu ersticken. Totenstille.

Plötzlich ein Knall, ein Fall, ein wütendes Fauchen und Knurren, der Kater war gefangen. Wir warfen uns auf die Kiste, in der Peter tobte wie ein Tiger, und banden die Klappvorrichtung fest, damit der Ausreißer nicht mehr entweichen konnte. Sieg auf der ganzen Linie!

Wirklich? Als wir Licht machten, um unseren Fang zu bewundern, wurden wir blaß. Auf den Dielen, außerhalb der

Falle, lag ein einsamer Katzenschwanz! Die niedersausende Klappvorrichtung hatte den armen Peter kupiert. Erfinderpech!

Übergehen wir vornehm die Beleidigungen, die die Nachbarin am nächsten Tage dem armen Erfinder an den Kopf warf. Undank ist der Welt Lohn. Von einer Universalerbschaft war jedenfalls nicht mehr die Rede.

Seit dem Verlust seines Schwanzes aber wurde Peter still und zurückhaltend wie nie zuvor, und niemals wieder hat er sich dazu hinreißen lassen, die zärtliche Liebe seiner Herrin mit einem gefahrvollen Wildkatzenleben zu vertauschen.

GÄSTE UND FESTE

Man muß die Feste feiern, wie sie fallen! Dieser Satz hatte wahrlich seine Berechtigung in einem Hause, in dem Geburtstage und Taufen, kirchliche und weltliche Feste, Posaunentagungen und Pastorenkränzchen einander ablösten wie Perlen an einer Schnur. So zahlreich die Feste, so zahlreich die Gäste! Erinnere ich mich doch an Missionsfeste, bei denen vierhundert bis fünfhundert Gäste keine Seltenheit waren. Ja, bei der Silberhochzeit unserer Eltern waren es gar noch mehr.

Man wird sich zweifelnd fragen, wie denn alle diese Gäste untergebracht und gespeist wurden? Unsere Eltern haben sich diese Frage auch vorgelegt, wenn zum größten Fest des Jahres, dem Missionsfest, die Menschenscharen von nah und fern herbeiströmten. Aber wenn dann das Fest vorüber war, konnten sie mit dem Evangelisten Markus sprechen: »Und sie aßen alle und wurden satt.«

Das war ein Leben und Treiben in Haus und Hof am Vorabend des Missionsfestes, das alljährlich im Juni oder Juli gefeiert wurde. Ungeheure Mengen von Kuchen wurden ge-

backen oder von Frauen der Gemeinde als Spenden herbei-
gebracht. Überall wurde gefegt, gehämmert, geputzt und gewaschen. Alle Türen und Tore wurden mit Birkenzweigen
geschmückt, die große Scheune wurde ausgeräumt, die Tenne
blank gekehrt, Tische und Stühle wurden aufgestellt, Wasch-
körbe voll Teller und Tassen herbeigeschleppt. Und wenn
schon der silberne Mond am Himmel stand, rumorte es noch
im Rosenhaus wie in einem Bienenkorb.

Beim ersten Sonnenstrahl verkündeten mächtige Posaunenklänge den Anbruch des festlichen Tages. »Wach auf, du
Geist der ersten Zeugen«, dröhnte es aus nahezu hundert Posaunen über das schlafende Dorf. Unter der Dorflinde hatten
sich die Posaunenchöre unter Vaters Stabführung aufgestellt.
Das goldene Licht des jungen Tages funkelte in den schimmernden Messinghörnern, spiegelte sich in den mächtigen
Zugposaunen und warf zuckende Blitze über das gewaltige
Bombardon. Die blühende Linde rauschte. Tausende von Bienen stimmten summend und brummend in den Morgenchoral
ein. Die ersten Lerchen stiegen jauchzend in den blauen Himmel, und die Schwalben schossen zwitschernd die Dorfstraße
entlang.

Schon ratterten mit grünen Zweigen geschmückte Leiterwagen
ins Dorf und brachten die ersten frohgestimmten Gäste.
Weißgekleidete kleine Mädchen sprangen von den Bänken,
blühende Kränze im Haar, und bald war auf unserem Hof
ein Gewimmel wie in einem Ameisenhaufen.

Die Festpredigt in der überfüllten Kirche hielt ein Missionar
aus Afrika, China oder dem fernen Indien, manchmal auch
der Herr Missionsdirektor selbst. Das war ein gar leutseliger
Herr, dem man den Geistlichen gar nicht ansah. Wie span-
nend wußte er von den fernen Ländern zu erzählen, die er
gesehen und durchreist hatte! Eindringlich verstand er es,

die opfervolle Arbeit der Missionare zu schildern, den Segen, den sie unter den von Dämonen und Medizinmännern geplagten Eingeborenen verbreiteten, aber auch die zahlreichen Gefahren, denen sie ausgesetzt waren. Für Georg und mich stand es jedenfalls nach solch einer Predigt eindeutig fest, Missionar zu werden.

Nach dem Mittagessen, zu dem viele Stallhasen ihr Leben hatten lassen müssen, versammelten sich die zahlreichen Gäste auf dem Hof und in der Scheune. Ein Rednerpult war aufgebaut. Links und rechts davon hatten die Posaunenchöre Aufstellung genommen. Der Kirchenchor blickte aufmerksam auf die Stimmgabel des Dirigenten. Mutter eilte strahlend durch die Menschenmenge, begrüßte hier ein altes Mütterchen und dort einen greisen Großvater mit seinem knicksenden Enkelkind, nötigte die verlegen dreinschauenden Bauern zum Sitzen, teilte Gesangbücher aus, ordnete Blumensträuße, kurz, sie tat so viel, wie ein Mensch in diesem Gewimmel nur tun konnte.

Vater, im schwarzen Gehrock, stand lächelnd und seelenruhig bei seinen Bläsern. Schließlich hob er die Hand. Es wurde mäuschenstill! Und nun klang seine mächtige Stimme über die harrende Menge, gab der Freude über das zahlreiche Erscheinen so vieler Missionsfreunde Ausdruck und der Erwartung, daß alle, geistig und leiblich, gesättigt würden.

Die Nachmittagssonne glänzte über der festlich gestimmten Menge, die, an langen Tischen sitzend, aufmerksam dem geistlichen Redner folgte. Aus den Ställen scholl hin und wieder das satte Muh unserer braven Milchspenderin, ein Huhn gackerte, ein Zicklein meckerte, und die blaugrauen und schneeweißen Tauben warfen sich wie heilige Boten in die lichtdurchglänzte blaue Luft.

Und dann brauste hundertstimmig, von Posaunen begleitet, der Gesang all dieser kindlichfrommen Menschen auf, die vom Gebot der Schrift erfüllt waren: »Gehet hin in alle Welt und prediget die frohe Botschaft aller Kreatur.« Und wie mit Orgelklängen scholl es über Dorf, Wiesen und Felder:

> *»O daß doch bald dein Feuer brennte,*
> *o möcht es doch in alle Lande gehn!*
> *Ach, Herr, gib doch in deine Ernte*
> *viel Knechte, die in treuer Arbeit stehn.*
> *O Herr der Ernte, siehe doch darein:*
> *die Ernt ist groß, die Zahl der Knechte klein.«*

Kein Fest des Jahres hat unsere Phantasie so erregt wie das Missionsfest. Das Abenteuerliche, das die gebräunten Missionare umwitterte, das einfache Wildwestleben, das sie dort draußen in der Fremde führen mußten, das Gefahrbringende ihres Einsatzes, der schon so manchem Sendboten die Märtyrerkrone beschert hatte, all dies ergriff unsere jungen Seelen mit unbezwinglicher Gewalt. Atemlos hingen wir an den Lippen des Erzählenden, wenn er von heißen Urwaldnächten, tagelangen Ritten über Steppe und Sand, aber auch von der hingebungsvollen Treue der für das Christentum gewonnenen Eingeborenen berichtete. Vielleicht ist hier der Keim gelegt worden für die Sehnsucht nach fremden Ländern und Erdteilen, die uns Geschwister noch heute erfüllt.

Ein Fest, das ähnliche Freuden brachte, war das Pfingstfest, das nach alter Sitte durch eine Umfahrt der ganzen Dorfgemeinde um die grünenden Felder gefeiert wurde. Nach dem Festgottesdienst wurden die Pferde vor die maiengeschmückten Erntewagen gespannt, auf denen lange Bänke standen. Auf dem vordersten Wagen hatte der Posaunenchor Platz genommen mit den blitzenden Instrumenten, und etwa fünfzig Wagen schlossen sich an, gefüllt mit festlich gekleideten, frohgestimmten Menschen.

Die Fahrt ging durch die im Frühlingswind wehenden Saaten, durch Birkenhaine und Kiefernwälder, durch Tannengrün und Buchenschläge bis zum einsamen Waldgasthaus, wo weißgedeckte Kaffeetafeln unser harrten. Und während die Erwachsenen geruhsam den Stand der Saaten besprachen, ein Täßchen Kaffee schlürfend, streiften wir als Indianer durch die von tausend Vogelstimmen erfüllten Wälder und gaben unseren Matrosenblusen den schmutziggrünen Schimmer, den Mutter so über alles liebte.

Wenn dann die Sonne sich neigte und die rostbraunen Kiefernstämme kupfern glühten, kletterten wir müde getollt auf unsere Wagen und blickten mit großen, staunenden Augen in das goldene Licht der Abendsonne.

Vom vordersten Wagen wehten Posaunenklänge, ein Eichkater sprang über den Weg, ein Eichelhäher lärmte, und der Frieden des Waldes erfüllte unsere Seelen.

Die rote Scheibe des Sonnenrades tauchte gerade unter den Horizont, da fuhren wir ins Dorf ein. Die Wagen schwenkten zu einem großen Kreis unter der Dorflinde, die Hände falteten sich, und aus tiefstem Herzensgrunde tönte es in das erste Licht der Sterne:

> *»Nun danket alle Gott*
> *mit Herzen, Mund und Händen,*
> *der große Dinge tut*
> *an uns und allen Enden,*
> *der uns von Mutterleib*
> *und Kindesbeinen an*
> *unzählig viel zugut*
> *und noch jetzund getan.«*

Da denke ich an eine andere Fahrt, die wir jedes Jahr zu machen pflegten — zum Tiergarten! Dieser war ein riesiges, umzäuntes Waldgebiet, das meinem Taufpaten, dem Grafen A. gehörte. In ihm durfte kein Baum gefällt, kein Wild gejagt werden. Es war der reine Urwald. Damwild und Rehe, Schwarzkittel und Hirsche zogen langsam äsend unter riesigen Eichen dahin. Kein Schuß zerriß die ungeheure Stille, kein Treibergeschrei lärmte durch die verschneiten Tannen.

Das Gewaltigste aber in diesem Naturschutzpark waren die Wisente! Ja, hier gab es noch Wisente, diese urigen Gesellen der Vorzeit, königliches Jagdwild unserer Altvordern. Der Graf hatte sie aus dem fernen Polen kommen lassen, um sie wieder in unseren Wäldern heimisch zu machen, aus denen sie Mordlust und Unvernunft einst vertrieben. Schon die Ankunft dieser vorzeitlichen Wesen war sehr aufregend. Die lange Bahnfahrt hatte die grimmigen Recken derart auf gebracht, daß sie beim Ausladen in schwere Kämpfe miteinander gerieten. Die blutunterlaufenen Äuglein des Bullen Igor blinzelten tückisch, als er seinen Rivalen, einen jüngeren Wisentbullen, zu Boden warf. Nur die Geistesgegenwart des Grafen rettete diesem das Leben, indem er Igor einige Handvoll Sand in die Augen warf.

Die Wisente, zwei Bullen und fünf Kühe, wurden zunächst in einem eingezäunten Areal beim zerstörten Kloster Marienpforte untergebracht. Dieses Kloster war im vierzehnten Jahrhundert von den Prämonstratensern, einem Chorherrenorden, gegründet worden, in der Reformation verlassen und seitdem zerfallen. Der Wald ging über die Ruinen hinweg, und nur vereinzelte Kreuzbögen zeugten noch von dem einstmals so stolzen Bau. Wie alles Zerfallende war auch dieses Kloster von Geheimnissen umwittert, und manche Sage, die von Männern in weißer Tracht erzählt, mag auf die ehrwürdigen Jünger des Norbert von Xanten zurückgehen.

Wisente und Kloster, der ganze zauberhafte Wildpark, waren

natürlich Sehenswürdigkeiten, die all unseren Gästen vorge-
führt wurden. Wieder wurden große Leiterwagen hervor-
geholt, mit Bänken versehen, die Pferde angeschirrt, Gäste
und Familie nahmen Platz, und fort ging es zum alten Forst-
haus am Tiergarten. Der weißbärtige Förster erwartete uns
schmunzelnd, war er doch ein Liebhaber edler Blasmusik, und
der Klang von Vaters Waldhorn öffnete uns leicht das schwere
Gatter zum Urwaldparadies.

Im grüngoldenen Dämmer des Waldes fuhren wir langsam
dahin. Über uns wölbte sich der ungeheure Dom vielhundert-
jähriger Buchen und Eichen. Weiße Damhirsche blickten neugierig, ein Kolkrabe krächzte, ein prächtiger Hirsch warf
sichernd das stolze Geweih in den Nacken, eine Elster schwang
über den Weg. Fernher rief ein Kuckuck, zwei Wildtauben
strichen ab, junge Habichte klagten im Nest und riefen nach
den Eltern, die, hoch über den Waldwipfeln kreisend, mit
scharfem Schrei antworteten. Wir atmeten tief den kräftigen
Geruch des Waldes, diese unbeschreibliche Mischung von
Kräuterdüften, Pilzen und Tannennadeln, von uraltem Moos
und harzigem Holz.

Am blauen Bächlein, wo die Sonnenstrahlen in breiten Kas-
kaden in das Waldesdunkel herunterstürzten, machten wir
Rast. Weiße Tücher wurden ausgebreitet, dickbäuchige Kaffee-
kannen und goldgelbe Streuselkuchen hervorgezaubert. Ein
herzhafter Schmaus begann. Danach stieg Vater auf den nahe-
gelegenen Hügel, und wie in Eichendorffs Zeiten scholl des
Waldhorns weicher Klang zu uns hernieder: »O Täler weit,
o Höhen, du schöner grüner Wald, du meiner Lust und
Wehen andächt'ger Aufenthalt!« Sanft warf das Echo die
lieblichen Klänge zurück, die Rehe hoben lauschend die schlanken Hälse, der Bach murmelte, und die Baumkronen rauschten
wie Orgeln.

Als wir zu den Wisenten kamen, wurde uns streng verboten, die Umzäunung zu übersteigen, um uns den Urwaldrecken zu nähern. Armer Vater, wenn du gewußt hättest, wie oft wir schon die urwüchsigen Tiere, die uns Kindern gegenüber ganz zutraulich waren, im zottigen Fell gekrault hatten, wenn wir verbotenerweise im zerfallenen Kloster »Räuber und Gendarm« spielten oder nach unterirdischen Gängen und vergrabenen Schätzen forschten! Nur an Igor, den tückischen Herrn der Wisentherde, trauten wir uns nicht heran, hatten wir doch einmal etwas erlebt, was uns die Freude an Kloster und Wisenten fast verleidete.

Stolz auf die Zuneigung der mächtigen Tiere, hatten wir Vaters Vikar, einen trotz seiner Jugend wohlbeleibten Gottesstreiter, zum Wisentgehege mitgenommen, natürlich nur gegen »großes Ehrenwort«, kein Wort von unserem Ausflug verlauten zu lassen. Der Vikar hatte alles versprochen, vielleicht wollte er unser Vertrauen gewinnen, und als die Eltern einen Krankenbesuch machten, trabten wir munter fürbaß, quer übers Feld zum Tiergarten. Bei der Rummelpforter Mühle stiegen wir über den mannshohen Zaun, und bald tauchten die Ruinen des Klosters aus dem Waldesdickicht.

Es war ein gewitterheißer Sommertag. Die Wisente wanderten unruhig hin und her, den zottigen Kopf werfend und mit dem Schwanz nach Bremsen und Fliegen schlagend. Igors blutunterlaufene Augen blinzelten tückisch, als er uns erblickte, aber er rührte sich nicht. Ein Standbild gesammelter, strotzender Muskelkraft, sah er unverwandt zu uns herüber, als wir über den derben Eichenzaun kletterten.

Wir wagten nicht, uns ihm zu nähern, streichelten nur schnell seinen friedlicheren Rivalen und die gutmütigen Wisentkühe, um dem Vikar unseren Mut zu beweisen, und kletterten dann aufatmend wieder über den Zaun. Igor stand unbeweglich, ein Felsblock fleischgewordener Urkraft. Nun war es Ehrensache, daß auch der Herr Vikar seinen Mut bewies, und leider war dieser noch jung genug, um Dummheit mit Kühnheit zu verwechseln. Bleich, aber gefaßt, kletterte er über den Zaun und schlich vorsichtig auf die Wisentherde zu.

Da warf Igor auf! Ein Zittern lief durch den Muskelfels, der Schwanz ging steil in die Höhe, der ungeheure Nacken senkte sich, und wie eine Lokomotive schoß er auf den armen Vikar los. Der, nicht faul, machte spornstreichs kehrt und raste wie ein Wunderläufer auf den rettenden Zaun zu. Wir verfolgten mit aufgerissenen Augen den tödlichen Wettlauf. Niemals hätten wir dem dicken Vikar ein solches Tempo zugetraut. Der Staub wirbelte. Den heißen Dampf aus Igors Nüstern im Nacken, erreichte der Vikar den Zaun, zog sich mit letzter Kraft hoch, und wie eine explodierende Granate krachte Igor gegen den in seinen Grundfesten erbebenden Zaun, dicht unter den baumelnden Beinen des totenblassen Jünglings, der durch die Wucht des Anpralls wie ein Sack zu Boden stürzte, Gott sei Dank auf unserer Seite. Der Vikar war gerettet! Daß er jedem von uns, kaum daß er wieder schnaufen konnte, eine mächtige Ohrfeige versetzte, nahmen wir schweigend und ohne Widerrede hin. Wir waren ja froh, daß Igor, der Tückische, ihn nicht umgebracht hatte.

Es war ein Glück, daß der Vikar Vater gegenüber nichts verlauten ließ. Nicht nur der zu erwartenden Strafe wegen, sondern auch, weil Vater den Vorfall sicher dem Grafen gemeldet hätte, und dann wäre es mit jedem Besuch des Tiergartens ein für allemal zu Ende gewesen. Der Tiergarten war das Steckenpferd meines Taufpaten, und ihm hätten sicherlich die Haare zu Berge gestanden, wenn er gewußt hätte, was wir alles in seinem geliebten Wildpark anstellten.

Unvergeßlich ist mir da noch die Hirschjagd, die Thomas, Georg und ich im Tiergarten veranstalteten. Es war Herbstzeit. Altweiberfäden segelten über die Stoppelfelder, die Kraniche riefen, und die Wildgänse schrien. Die Wälder hatten sich rostrot gefärbt, und nachts hörte man den Brunftschrei der Hirsche. Abends stieg weißer Nebel aus den Feldern, und morgens kämpfte die Sonne stundenlang, bis sie blutigrot durch die dicke Milchsuppe drang.

Es war schon später Nachmittag, als wir drei über die mit dem Rauch der Kartoffelfeuer geschwängerten Felder zum Tiergarten schlichen. Eigentlich hatten wir nur unsere Drachen steigen lassen wollen. Aber als wir die flammendbunten Wälder so nah sahen, da war's um uns geschehen, und eilend liefen wir dem goldenen Ball der Sonne entgegen, der hinter den Wäldern versank.

Als wir über die Umzäunung stiegen, hörten wir ein trokkenes Knacken und Prasseln, Brechen von Zweigen und das flüchtige Getrappel fliehenden Wildes. War es ein Rudel Rothirsche, das dort von dannen stob, war's eine Rotte Sauen? Wir wußten es nicht. Aber eines wußten wir: Wir mußten unbedingt ein Rudel Hirsche sehen! Vorsichtig drangen wir in den Wald ein. Purpurschwarze Dämmerung empfing uns, Nebelschwaden zogen vor uns, unsere Füße raschelten in buntem Laub. Kein Mensch war zu sehen.

Da kam Thomas auf den Gedanken, wir sollten uns trennen und von drei Seiten das Wild einander zutreiben. »Fein«, meinte Georg, »und dabei bellen wir wie Jagdhunde, dann kriegen wir die Hirsche bestimmt.«

Gesagt, getan! Wir beschlossen, das Wild der Klosterruine zuzutreiben. Thomas verschwand nach links, Georg nach rechts, ich schlich geradeaus auf das Kloster zu. Nach wenigen Minuten erscholl von beiden Seiten der kläffende Hetzruf der

Brüder. Ich stimmte lauthals ein. Das Jagdfieber hatte mich ergriffen.

Auf einmal hörte ich vor mir ein Getrappel und Geklapper, als wenn eine ganze Rentierherde durch das Unterholz bräche. Ich konnte gerade noch hinter einen Baum springen, da stob ein Rudel mächtiger brauner Tiere an mir vorüber, an der Spitze ein starker Hirsch, das herrliche Geweih tief in den Nacken zurückgelegt. Und dicht dahinter hetzten kläffend und jaulend meine Brüder, hochrot vor Anstrengung und Begeisterung. Ich hetzte mit.

Im Nu hatten wir die Klosterruine erreicht, daran vorbei, und schon raste das Rudel in panischem Entsetzen der fast zwei Meter hohen Umzäunung zu. Jetzt mußten wir sie kriegen. Mit heiserem Bellen brachen wir durch die Büsche. Da, was war das? Die Hirsche hatten die Umzäunung erreicht, ohne auch nur einen Augenblick zu zögern, setzte der Leithirsch zum Sprunge an und flog wie ein Pfeil über das Hindernis. Das Rudel folgte.

Es war gewiß ein herrlicher Anblick, aber uns stockte der Atem. Ein ganzes Rudel Hirsche war dem Tiergarten entflohen. Wenn das der Graf wüßte! Mit hängenden Köpfen schlichen wir nach Hause und berieten, ob wir die Geschichte Vater erzählen sollten. Wir einigten uns auf einen Mittelweg. Georg fragte beim Abendbrot: »Vater, wie hoch können Hirsche springen?« — »Etwa zwei Meter hoch«, meinte Vater. »Ja, und«, fragte Georg weiter, »springen Hirsche immer so hoch oder nur, wenn sie Angst haben?« Vater blickte ihn prüfend an und antwortete: »Nein, wenn sie Angst haben, springen sie wohl noch höher! Aber sagt mal, ihr habt doch nicht etwa Hirsche gehetzt? Wenn ich euch dabei erwische, dann gibt's Prügel wie noch nie, darauf könnt ihr euch verlassen!« Glücklicherweise kam in diesem Augenblick Schwester

Klothilde, so daß das peinliche Gespräch unterbrochen wurde. Wir aber trösteten uns mit dem Gedanken, daß der Zaun ja nicht einmal zwei Meter hoch gewesen sei, so daß die Hirsche, wenn sie nur wollten, jederzeit in den Tiergarten zurückspringen könnten. Ich bezweifle allerdings, ob sie es je getan haben.

Doch kehren wir zu Gästen und Festen zurück! Ein schönes und in jedem Monat wiederkehrendes Fest war: das Pastorenkränzchen. An diesem Kränzchen nahmen nicht nur die Pastoren unseres Kreises teil, sondern auch die Gutsbesitzer, Lehrer und Amtmänner. Natürlich alle »mit Damen«. Mal fand das Kränzchen bei uns statt, mal bei einem anderen Pfarrer, mal auf einem Gut, wie's grad kam.

Fand das Kränzchen bei uns statt, so herrschte bereits am Vortage eine Aufregung wie vor dem Missionsfest. Kaninchen wurden geschlachtet und armdicke Würste aus dem Rauchfang geholt, Napf-, Obst- und Streuselkuchen gebacken, als müßte ein Regiment mit Fourage versorgt werden. Hof und Vorplatz wurden gefegt und der Vorgarten sauber geharkt. Im Musikzimmer plättete und stärkte Martha die weißen Kleidchen der Schwestern und unsere Matrosenblusen, während Eva die Mondscheinsonate übte. Im Eßzimmer wirkte Mutter Essbach mit Besen und Scheuerlappen und schlug uns letzteren um die Ohren, wenn wir durchs Zimmer zu laufen wagten. In Vaters Studierzimmer übte die Bläserkapelle, während Margrit und Betty frische Blumensträuße im Garten schnitten. Maria hütete Stefan und Benjamin, kurz, jeder war eifrig beschäftigt, das Rosenhaus in den Zustand höchster Alarmbereitschaft zu versetzen.

In der Nacht konnten wir vor Aufregung kaum schlafen, und auch der Vormittag verging noch mit Backen, Putzen, Flicken, Bügeln.

Zum Mittag gab's nur eine kräftige Erbsensuppe, die aber in Erwartung all der Herrlichkeiten trotz Vaters Ermahnungen wenig Zuspruch fand. Dann warfen wir uns in die frischgestärkte Festkleidung, nicht ohne das Versprechen väterlicher- und mütterlicherseits, uns trotz der Gäste gnadenlos zu verhauen, wenn wir, wie beim letztenmal, uns einfallen ließen, im Stroh herumzukriechen oder auf die Bäume zu klettern.

Schließlich war der große Augenblick gekommen, wo wir frischgewaschen und -gebügelt auf der Terrasse vor dem Haus standen, um die ersten Gäste zu begrüßen. Der dicke Pastor Miehe und seine gleichfalls etwas füllige Gattin fuhren vor, der kleine, burgunderfreudige Amtmann Sass zügelte mühsam die feurigen Rotfüchse, der liebe, alte Kantor Knabe schritt vom Schulhaus herüber, und — siehe da — sogar die gräflichen Schimmel trabten in elegantem Bogen vor die Terrasse.

Dirks, der Haushofmeister mit dem Gesicht eines Lords, thronte unnahbar wie Buddha auf dem Bock des leichten Jagdwagens, Zügel und Peitsche vorschriftsmäßig in beiden Händen. Die alte Exzellenz saß kerzengerade im Wagen und musterte uns mit scharfen Habichtsaugen. Mutter erblaßte, Vater schmunzelte. Dirks zurrte die Zügel fest, pflanzte die Peitsche wie eine Fahne auf und stieg gemessen vom Bock. Die alte Exzellenz stützte sich leicht auf seine Hand und sprang mit einer für ihre siebzig Jahre erstaunlichen Behendigkeit vom Wagen. Dann schritt sie, den Krückstock in der Rechten, wie der alte Fritz die Front der Kinderschar ab, wobei sie gnädig Bonbons aus ihrem nach Mottenkugeln riechenden Muff verteilte. Einer von uns mußte die Namen sämtlicher Geschwister nennen, die in atemberaubender Geschwindigkeit heruntergerasselt wurden. Die Exzellenz nickte befriedigt, die Parade war vorüber. Wir waren noch einmal davongekommen!

Nicht immer ging der Empfang der Gäste so reibungslos vor sich, und gerade die alte Exzellenz hat einmal etwas so Aufregendes bei uns erlebt, daß sie sich eine lange Zeit nicht mehr sehen ließ.

Um diesen Vorfall zu erzählen, muß ich leider noch einmal zu jenem bewußten Örtchen hinter dem Schweinestall zurückkehren, von dem schon mehrfach in dieser Geschichte die Rede war.

Es ist verständlich, daß man auf besagtem Örtchen allein und ungestört zu sein wünscht. Aber nachdem Vater dahintergekommen war, daß Gerald und Johannes sich dorthin zurückzuziehen pflegten, um der Gartenarbeit oder anderer nutzbringender Tätigkeit zu entfliehen, hatte er arglistigerweise den Riegel an der Innenseite der Tür entfernt und statt dessen eine Schlinge angebracht, um jederzeit eine Kontrollmöglichkeit über diesen letzten Zufluchtsort der Faulen zu haben.

Als nun eines Tages das Pastorenkränzchen wieder bei uns tagte, wobei auch die alte Exzellenz anwesend war, thronte ich behaglich auf dem maßgerechten Holzkasten und gab mich der eifrigen Lektüre der »Missionsbiene« hin, einer Zeitschrift, die durch ihre Geschichten aus fernen Ländern stets mein besonderes Interesse fand. Doch als ich von ferne die Stimme meines Bruders Georg zu hören meinte und sich bald darauf Schritte näherten, nahm ich die von Vater angebrachte Schlinge in die Hand, um nach Möglichkeit dem lieben Bruder einen Streich zu spielen.

Die Schlinge hatte nämlich für den Einlaßbegehrenden gewisse Gefahren. Der Platzhalter pflegte tückischerweise die Schlinge so lange festzuhalten, bis der Einlaßbegehrende, von innerer Not gedrängt, die Geduld verlor und mit kräftigem Ruck an der Tür riß. In diesem Augenblick ließ der Platzhalter jäh die Schlinge los, um mit herzlicher Freude das Bild des auf dem Boden zappelnden Mitbruders in sich aufzunehmen.

Dieses Spiel wollte ich auch heute auskosten. Offenbar war der an der Tür Zerrende in ganz besonderer Eile, denn er zog mit bemerkenswertem Schwung. Und als ich die Schlinge losließ, war der Erfolg vollkommen.

Ich hatte, außer auf der Wäscheleine, noch keine »Unaussprechlichen« eines gereiften weiblichen Wesens gesehen. Und ich bekenne, daß mir eine Illusion zerstört wurde, als ich bemerkte, daß die spitzenbesetzten Beinkleider der alten Exzellenz, die vor meinen entsetzten Augen auf dem Rücken zappelte, nicht mit dem gräflichen Wappen gezeichnet waren.

Daß ich panikartig entwischte, mit flatternder Hose über mein Opfer hinweg, und auf den Kastanienbaum retirierte, von wo aus ich den Gang der Dinge beobachten konnte, sei mir aus begreiflicher Verwirrung heraus verziehen. Mit schamrotem Gesicht sah ich die alte Exzellenz sich mühsam aufrappeln und mit einem Fluch, der einem Pferdeknecht zur Ehre gereicht hätte, im Ort des Schreckens verschwinden.

Aber die Zeit der Prüfungen für die alte Dame war noch nicht zu Ende. Die Tür hatte sich erst wenige Sekunden hinter der Bedauernswerten geschlossen, als Bruder Thomas in schnellem Lauf um die Ecke bog, sichtlich in hoher Bedrängnis. Er stürzte auf die Tür zu und riß sie mit dem Mute des Verzweifelnden auf. Ein Schrei, ein Fall, aufflatternde Rocksäume — die alte Exzellenz hing in der Schlinge! Warum hatte sie auch vorschriftswidrig die Schlinge um den Hals gelegt, so daß sie der jähe Ruck des verzweifelten Thomas vom Sitze riß?

Der Abschied der völlig verwirrten alten Dame war kurz. Wortlos ließ sie meine verdutzten und bestürzten Eltern im Stich, bestieg mit Dirks' Hilfe mühsam den Schimmelwagen und rollte davon. Sie ist dennoch sechsundneunzig Jahre alt geworden.

Die lieben Gäste hatten uns natürlich allerlei süße Geschenke mitgebracht, aber leider wurden diese von Vater sofort kassiert, damit wir uns nicht den Magen verdarben. Das war eine schreckliche Angewohnheit von Vater. Er schloß nämlich die Kekse, Bonbons und Schokoladentafeln im Schreibtisch ein, um sie meist zu vergessen. So konnte es geschehen, daß er an einem schönen Sommerabend, vergnügt schmunzelnd, ins Zimmer kam, die Hände auf dem Rücken, um schießlich jedem einen steinharten Pfefferkuchen zu überreichen, der sicherlich schon ein ganzes Jahr in der Schublade seines Schreibtisches geschlummert hatte. Ist es uns da zu verübeln, wenn wir, falls Vater einmal versehentlich den Schlüssel zum Schreibtisch steckenließ, wie die Raben über die gehorteten Schätze herfielen? Wir hatten bei diesen Räubereien natürlich ein schlechtes Gewissen, aber wir beruhigten uns dabei, daß alle diese Gegenstände ja eigentlich uns gehörten. Ich erinnere mich, daß ich einmal, hinter dem Klavier hockend, drei Tafeln Schokolade auf einmal futterte, und mir war dann mehr im Magen schlecht als im Gewissen.

Der Abend des Kränzchentages gehörte selbstverständlich der Musik. Der Familienchor trat an und gab wohllautende Proben seines Könnens. Eva spielte mit tiefem Gefühl ihre Mondscheinsonate, und die jugendlichen Bläser entlockten ihren goldblitzenden Instrumenten Harmonien, wie sie nur durch stete Übung und meisterliche Schulung erzielt werden. Dann wurden geistliche und weltliche Volkslieder angestimmt, die Gäste fielen in hellen Sopranen und tiefen Bässen mit ein, und durch die weitgeöffneten Fenster tönte es innig über Garten, Wiese und Feld in die blaue, sternendurchfunkelte Sommernacht:

> »Ade nun zur guten Nacht!
> Jetzt ist der Schluß gemacht,
> daß ich muß scheiden.
> Im Sommer wächst der Klee,
> im Winter schneit's den Schnee,
> da komm ich wieder.«

Laßt uns nicht die Posaunenfeste und -tagungen vergessen, die Vater als Landesobmann der Posaunenmission veranstaltete und leitete. Man kann sicherlich über Sinn und Zweck von Massenveranstaltungen geteilter Meinung sein. Aber wo Menschen von heiliger Notwendigkeit getrieben werden, in großem und größtem Kreis zusammenzukommen, um in brüderlicher Liebe zueinander und herzlicher Freude am Lobpreis Gottes Zeugnis abzulegen von jenem Geist, der seit den Anfängen des Christentums die Kreuzträger zusammenführte, da ist der Geist Gottes gegenwärtig und wirksam.

Unvergeßlich bleibt mir jenes Posaunenfest in unserer Kreisstadt, bei welchem im mächtigen Oval des Sportstadions etwa tausend Bläser aufmarschierten, um unter Vaters Stabführung die große Doxologie zu spielen. Es war ein überwältigendes Bild. Die Sonne blitzte und funkelte in den zahllosen Flügel- und Tenorhörnern, Hochbässen, Zugposaunen und Bombardons, daß man kaum hinschauen konnte. Riesige weiße Fahnen mit dem Zeichen des Kreuzes wehten von den Tribünen, auf denen die Menschen wie Trauben hingen. Die Bläser hatten einen großen Kreis gebildet, in der Mitte stand Vater auf einem hölzernen Podium, allen Musikanten sichtbar. Er hob den ebenholzschwarzen Stock — ein Zeichen, und wie das Brausen einer ungeheuren Orgel dröhnte es machtvoll zum Himmel:

> *»Großer Gott, wir loben dich,*
> *Herr, wir preisen deine Stärke.*
> *Vor dir neigt die Erde sich*
> *und bewundert deine Werke.*
> *Wie du warst vor aller Zeit,*
> *so bleibst du in Ewigkeit.«*

Solche riesigen Posaunenfeste fanden natürlich nur selten statt. Sie waren Höhepunkte kirchlichen Lebens. Im Mittelpunkt des täglichen Lebens stand die stille, unermüdliche Arbeit und Schulung. In jedem Jahr fanden in unserem Haus Posaunentagungen statt, sogenannte »Freizeiten«, bei denen junge Handwerker, Bauern, Pastoren und Lehrer in die Geheimnisse des Blasens eingeweiht wurden.

Welch Gelächter gab es da oft, wenn einer der jungen Herren sich qualvoll bemühte, seiner Posaune ein armseliges Tönchen zu entlocken, oder ein anderer versuchte, die schrecklichen Töne, die seinem Instrument entquollen, zu dämpfen! Der Garten war groß, und oft stand an jeder Ecke ein Jünger der edlen Blasmusik und übte, bis ihm der Schweiß von der Stirne troff, und der alte Birnbaum mißbilligend rauschte.

All diese Gäste wurden bei uns verpflegt, eine Last, die Mutter strahlend bewältigte, war es doch Arbeit im Weinberge Gottes, was konnte ihr Lieberes geschehen! Glücklich lächelnd präsidierte sie neben Vater in der Laube unter blühenden Apfelbäumen und duftenden Blautannen. Viel Unsinn wurde getrieben ohne die strenge Aufsicht der Eltern, und Tante Mieze hatte ihre liebe Not mit uns.

Zarte Bande wurden wohl auch geknüpft zwischen den jungen Gästen und unseren holdselig errötenden Schwestern. Wir hielten mit unserem Spott nicht hinterm Berge und haben wohl manch hoffnungsvolle Blüte im Herzen unserer Schwestern mit frostigem Reif zum Welken gebracht. Aber da sie es später alle gut getroffen haben in ihrer Ehe, werden sie uns wohl nicht allzu böse sein.

Gedenken wir noch kurz der zahlreichen Geburtstage und Taufen, Konfirmationen und Hochzeiten, die das Rosenhaus erlebte, nicht zu vergessen die urwüchsigen Dorffeste und Theateraufführungen, so gewinnt man den Eindruck, daß unser Familienleben arm geworden ist im Vergleich zu jener Zeit, die der Dichter mit den sehnsüchtigen Versen besingt:

>*O du süßer Flötenklang,*
holder Jugend Lobgesang,
was das Herz wohl böte,

könnte es, ach, einmal nur
wandern auf der goldnen Spur
bis zur Morgenröte

und nur einen Herzschlag lang
lauschen dem verlorenen Klang
einer Weidenflöte.<

DAS WEIHNACHTSWUNDER

Die ersten Schneeflocken wirbelten über die Dorfstraße. Der
Ostwind blies erbarmungslos über die steinhart gefrorenen
Ackerfurchen. Die Obstbäume reckten frierend die kahlen
Äste in den eisgrauen Winterhimmel, und in der grünschwar-
zen Eisfläche des Sees glitzerte manch silberner Fischleib, vom
jähen Frost überrascht.

Wir hatten mit Vater die Birken- und Buchenscheite in den
Holzstall getragen und sorgsam an der Wand aufgeschichtet,
eine Arbeit, die immer mit besonderem Vergnügen wahrgenommen wurde, da Vater hierbei, was er sonst nie tat, Kriegs-
erlebnisse erzählte.

Krieg ist meine erste Kindheitserinnerung. Ich stand an
Mutters Hand auf der steinernen Terrasse vor unserem Haus.
Die Männer und Jünglinge des Dorfes, die ins Feld mußten,
zogen in langen Reihen vorüber, es war fast die ganze

männliche Bevölkerung! Fahnen schwenkten, und zum erstenmal hörte ich das Lied, das mich als Kind zu Tränen rührte:

>*Argonnerwald, Argonnerwald,*
ein stiller Friedhof bist du bald,
in deiner kühlen Erde ruht
so manches tapfere Soldatenblut.«

Die Trommeln wirbelten dumpf, die Querpfeifen schrillten, ich blickte atemlos auf das kriegerische Schauspiel. Eine fremde Welt war in unser stilles Dorf eingebrochen — war es eine gute?

Ich glaube nicht. Zu viel Tränen habe ich fließen sehen, wenn Vater, nachdem er wegen des Todes eines Amtsbruders von der Front zurückgerufen wurde, tieferschüttert auf ein Haus des Dorfes zuschritt, um den Hinterbliebenen eines Gefallenen die Todesnachricht zu überbringen. Denn damals brachte der Pfarrer des Ortes den Angehörigen eines im Feld Gebliebenen die Botschaft des Todes. Wie schwer ist es Vater geworden, seine Gemeindeglieder zu besuchen. Fürchtete doch jeder, wenn Vater sich einem Hause näherte, er brächte die Nachricht, die Frauen zu Witwen und Kinder zu Waisen machte.

Wie bitterlich schluchzte ich, als unser junger Knecht Gustav noch in den letzten Kriegstagen fiel, mein Reitlehrer und -kamerad! Wie furchtbar traf mich die Nachricht, daß unsere gute Senta von Granaten zerrissen wurde! Wie entsetzt waren wir, als die ersten Flüchtlinge aus den Gebieten eintrafen, in denen der Krieg feurige Ernte hielt! Heimat und Vaterland waren ehrwürdige Begriffe, wohl wert, das Leben dafür hinzugeben. Aber oft fragte ich mich, ob die unendlichen Ströme von Blut und Tränen notwendig gewesen seien, wenn die

Welt ein einziges Mal, nur ein einziges Mal auf das Gebot unseres Herrn und Meisters gehört hätte: »Selig sind die Friedfertigen; denn sie werden Gottes Kinder heißen.«

Gegen Ende des Krieges trabte auf müden, abgetriebenen Pferden eine Schwadron Ulanen in unser immer stiller gewordenes Dorf. Es war Abend, und die Reiter beschlossen, zu biwakieren. Rings um das Dorf züngelten Lagerfeuer auf, die Karabiner wurden zu Pyramiden zusammengesetzt, den Pferden das Zaumzeug abgenommen und Hafer vorgeschüttet, und bald saßen die müden Krieger am wärmenden Feuer und blickten schweigsam in die Flammen.

Georg und ich hatten uns an einen Unteroffizier herangepirscht und baten ihn, uns doch auf die beiden Handpferde zu setzen, die neben seinem Reitpferd standen. Er lächelte freundlich und hob uns auf die zwei Braunen, die sich in ihrer Hafermahlzeit nicht stören ließen. Vielleicht hatte er selbst zwei Buben daheim.

Nach einer Stunde ertönte das Hornsignal, die Ulanen begannen die Pferde aufzuzäumen, die Feuer zu löschen und die Karabiner aufzunehmen. Ein zweites Hornsignal, und die Reiter saßen auf und formierten sich zum Abmarsch. Wir hockten auf unseren Handpferden und blickten den Unteroffizier so flehentlich an, daß er uns lächelnd auf den Pferden sitzen ließ.

»Wenn ihr nachher alleine zurücklauft, dann könnt ihr noch ein Stück mitreiten«, sagte er.

Wir waren selig. Unsere Gäule schwenkten ein, der Rittmeister stieß den Arm in die Höhe, und schon ritten wir aus dem Dorf hinaus in die schweigende Nacht. Nie zuvor hatten wir den Reitergeist so verspürt wie jetzt, wo wir in geschlossener Kolonne dahinritten, Glieder einer Kameradschaft und Gemeinschaft, die durch Blut und Feuer zahlreicher Gefechte und Schlachten zu einer unlösbaren Einheit zusammengeschweißt war. Das Trappeln der zahlreichen Hufe, das Knarren des Zaumzeugs, der Geruch von Leder, Schweiß und Pferden, all das erfüllte uns mit wunschloser Zufriedenheit. Wir atmeten tief. Vergessen war das Heimatdorf, vergessen Eltern und Geschwister, als tapfere Soldaten ritten wir durch die Nacht — mit Gott für König und Vaterland!

Plötzlich kam ein Ruf von der Tete, der Unteroffizier wurde zum Rittmeister befohlen. Wir waren allein. Es war eine bleiche, mondlose Nacht. Die Reiter saßen müde auf ihren Gäulen. Die gingen lustlos im Schritt. Hin und wieder stolperte einer von ihnen, dann scholl ein unterdrückter Fluch durch das Dunkel. Jetzt ritten wir eine Lindenallee entlang. Durch das bizarre Geäst über uns glänzten ein paar Sterne, ein Waldkauz schrie: »Kumm mit, kumm mit«, ein Nachtvogel flog auf mit schwerem Flügelschlag, ein Pferd wieherte leise. Der Unteroffizier kam nicht zurück.

So ritten wir mit der Schwadron durch die Nacht, weiter, immer weiter. Längst hatten wir den Nachbarflecken durchritten, die Lichter von Berkholz schimmerten vor uns, da wurde Halt befohlen. Die Reiter saßen ab, Zelte wurden aufgeschlagen, Decken ausgebreitet und Feuer angezündet. Die Schwadron legte sich zum Schlafe nieder.

Wir hockten auf unseren Pferden und machten ein dummes Gesicht. Jetzt erst kam uns zum Bewußtsein, wie weit wir von Hause fort waren und daß wir den Eltern nichts gesagt hatten von unserem Ritt. Und nun der weite Heimweg zu Fuß in der Dunkelheit? Erschreckend wurde uns klar, daß wir an zwei Friedhöfen vorbei mußten und mindestens drei Kreuzwegen, wo, sicherem Vernehmen nach, ein Mann ohne Kopf arme Nachtwanderer beunruhigte. Das Herz fiel uns in die Hosen.

Da, Hufschlag dröhnte durch die stille Nacht, und auf schweißbedecktem Pferd sprengte Eduard heran, der neue Knecht. Zu Hause herrschte große Aufregung, da niemand uns wegreiten sah. Wir waren schon überall gesucht worden, und Mutter hatte das schrecklichste Unglück vermutet, bis Vater, der unsere Liebe zu Pferden kannte, auf den Gedanken kam, daß wir vielleicht mit den Ulanen fortgeritten wären. Eduard war spornstreichs auf dem kitzligen Alex der Schwadron nachgesprengt und fand uns nun mit hängenden Köpfen.

Wie wir heimkamen, will ich lieber übergehen, sonst könnte man denken, Vater sei ein Wüterich gewesen! Aber Mutter schloß ihre kleinen Reitersmänner schluchzend in die Arme, und wir versprachen, nie, nie wieder in den Krieg zu ziehen. Leider konnten wir das Versprechen nicht halten.

Aber nun Schluß mit Krieg und Kriegsgeschichten! Das Holz war eingebracht, auf dem Boden dufteten die herrlichen Winteräpfel, in den grünen Kachelöfen knackten und prasselten die Buchenscheite, und vom Hof her drang das Quieken des Vierzentnerschweines, das unter dem geübten und raschen Stich des Metzgers sein kurzes Leben lassen mußte.

Schlachtefest, Schlachtefest! Tags zuvor hatten wir schon die spitzigen Dornen des Schlehdorns gesammelt, mit denen die Würste verschlossen wurden, und Reisig, um die Borsten abzusengen. Und nun rührte der tapfere Johannes mit dem Holzlöffel in der großen, braunen Schüssel, in die zuckend das Blut sprang. Bald hing das Schwein kopfunter an der Leiter, und der Metzger teilte es in zwei saubere, appetitliche Hälften. Auf dem Herd dampfte die Wurstsuppe, und Molli strich schnuppernd durch die Küche.

Beim Wurststopfen durfte jedes der Kinder sich eine kleine Wurst stopfen, die dann zu den armdicken Mett-, Blut- und Leberwürsten in den Rauchfang gehängt wurde. Zum Abendbrot gab es Wellfleisch, Vaters Leibgericht. Braune Grieben brutzelten in der Pfanne, aus denen das köstliche Griebenschmalz zubereitet wurde, das keiner so herzustellen wußte wie Mutter, die mit Äpfeln, Majoran und Zwiebeln ein Schmälzchen zauberte, daß auch dem eingefleischtesten Vegetarier das Wasser im Munde zusammenlief. Als ich später im Internat weilte, fern von der Heimat, war Griebenschmalz das beste und oft einzige Heilmittel gegen das bittere Heimweh nach meinem geliebten Heimatdorf.

Der erste Advent war gekommen. Kerzengeschmückte Tannenkränze hingen von der Decke, und das Adventsbäumchen trug den Duft des kommenden Weihnachtsfestes in unsere Herzen. Jetzt wurde es geheimnisvoll und aufregend. Silberne und goldene Papiersterne wurden ausgeschnitten, Nüsse vergoldet, Weihnachtslieder eingeübt, und in jedem Zimmer saß ein fleißiger Bastler, Maler oder Komponist tiefgebückt über dem Werk seiner Hände. Der Familienchor trat zusammen, und das Posaunensextett übte Advents- und Weihnachtslieder.

Dann kam der St.-Nikolaus-Tag. Am Abend vorher war die Familie in der Küche versammelt, und jeder putzte seine Stiefel so glänzend blank, daß Nikolaus bestimmt nichts an ihnen auszusetzen fand. Bei uns herrschte die Sitte, daß wir Kinder am Vorabend des Nikolaustages die wohlgeputzten Schuhe vor unsere Schlafzimmertür stellten, um sie am anderen Morgen wohlgefüllt mit einem großen Pfefferkuchenmann, einer Birkenrute und einem Verschen wiederzufinden, in welchem die Schandtaten unseres jungen Lebens gereimten Ausdruck fanden.

Stefans und Thomas' Geburtstag ging vorüber, Johannes', Benjamins und Margrits, alle fünf hatten im Dezember Geburtstag, und eines Morgens wachten wir frohgestimmt auf. Es war der vierundzwanzigste Dezember, Heiligabend!

Für welches Kinderherz ist dieser Tag nicht Höhepunkt und Erfüllung aller Sehnsüchte und geheimen Wünsche! Ist es nicht, als wenn die Geburt jenes Kindes im Stalle von Bethlehem vor allem die Seelen der Kinder bewegen würde? Schimmert nicht der wundersame Glanz des Sterns der Weisen aus den leuchtenden Augen der Kleinen, von denen Jesus sagte: »Wer das Reich Gottes nicht empfängt wie ein Kindlein, der wird nicht hineinkommen«?

Aber für unsere Eltern war dieser Tag gar nicht so einfach. Auch ihr Herz war erfüllt von der frohen Botschaft und der Freude über die Geburt des Herrn. Doch, ach, der Geldbeutel war leer, und der Hände, die empfangen wollten, waren so viele. Natürlich brauchte niemand zu hungern, und die Geschenke für die Hausgenossen ruhten längst in wohlverschlossenen Truhen. Aber für uns Kinder sah es diesmal böse aus, und die Eltern wußten, wie wir auf die Bescherung spitzten.

So sehe ich eines schönen Weihnachtsmorgens die Mutter weinend im Schlafzimmer sitzen. Dies Jahr sah es ganz besonders böse aus. Durch einen Küchenbrand waren alle Schuhe der Kinder vernichtet, das schöne Rosenthalservice war durch die Unachtsamkeit unseres Mädchens entzwei gegangen; schließlich hatte Vater noch mit seinem Gehalt bei einer Zwangsversteigerung einspringen müssen, kurz, Mutter wußte nicht, wo sie ein Geschenk für uns Kinder hernehmen sollte. Unsere Sparbüchsen waren längst geleert, das beim Kartoffelklauben verdiente Geld in Geschenken für die Eltern angelegt; es war trostlos.

Nur Vater war still und gelassen. Er strich der weinenden Mutter übers Haar und sagte: »Wenn Gott will, so werden die Kinder beschert werden, glaube nur!« Mutter blickte ihn aus feuchten Augen liebevoll an und sagte leise: »Verzeih!«

Ich will nicht leugnen, daß wir Kinder betrübt die Köpfe hängen ließen, als die Eltern uns sagten, daß wir heute vielleicht unbeschert bleiben würden. Aber als der Tannenbaum geschmückt wurde, und großflockiger Weihnachtsschnee auf Dorf und Äcker herniederschwebte, stimmten wir fröhlich unsere Instrumente und lieblich klang es durchs Haus:

> *»Süßer die Glocken nie klingen*
> *als zu der Weihnachtszeit,*
> *'s ist, als ob Engelein singen*
> *wieder von Frieden und Freud.«*

Plötzlich schellte lang und stürmisch die Türglocke. Wir rissen die Tür auf, niemand war zu sehen! Aber davor stand dickverschneit eine mächtige Kiste. Das Wunder war eingekehrt. Jubelnd schleppten wir die Kiste ins Haus und öffneten sie. Nein, liebe Leute, was kam da alles zum Vorschein! Der oder die unbekannten Spender — ich hatte die alte Dame aus der Eisenbahn im Verdacht, die uns damals so staunend betrachtete — hatten an jeden gedacht.

Da war für jeden ein Paar derbe Schuhe und Strümpfe. Schokolade, Nüsse und Äpfel. Für Gerald ein Paar Schlittschuhe und für Thomas eine Eisenbahn. Für Margrit und Betty ein Rodelschlitten und für Eva eine Klavierschule. Für Maria ein hauchdünnes Teeservice und für mich eine Flöte. Für Georg eine dicke Marzipanwurst und für Johannes eine Mundharmonika. Und schließlich für die beiden Kleinen ein Brummkreisel und ein riesiger Teddybär, der richtig stehen und knurren konnte. Es war überwältigend.

Für die Eltern lag auch allerlei in der Wunderkiste. Für Mutter ein schwarzseidenes Kleid und für Vater eine warme Weste, ja, selbst an Molli war gedacht, denn eine duftende Salamiwurst trug die Aufschrift: »Dem treuen Wächter.«

Mutter und Vater hatten Tränen in den Augen, und Vater faltete bewegt die Hände und sagte: »Der Herr ist mein Hirte; mir wird nichts mangeln.« Und wie das immer so ist, wenn das Füllhorn des Segens sich ausschüttet, es klingelte zum zweiten Male, und diesmal stand der Kutscher des Grafen draußen und brachte ein schönes Stück Damwild, das mein Taufpate geschossen hatte. So wurde gerade dies Weihnachtsfest so reich an Gaben und Freuden wie keins zuvor.

Ein Weihnachtsfest, das mir in tiefster Erinnerung geblieben ist, war das Fest, an welchem meine erste Komposition, ein Marienlied, aufgeführt wurde, dessen Text ebenfalls von mir stammte. Angeregt durch altdeutsche Marienbilder, hatte ich die Mutter Gottes geschildert, wie sie, von blühenden Rosen umgeben, das heilige Kind wiegte. Eine, wie ich glaube, innige Melodie ließ das mütterliche Glück, den strahlenden Sonnentag und das zärtliche Wiegen des Kindes offenbar werden. Je mehr das Lied fortschritt, um so ernster wurde es. Sah doch Maria, als sie auf die roten Rosen blickte, schon die Dornenkrone, die einmal die weiße Stirn ihres Kindes mit purpurnen Blutstropfen bedecken würde.

Musikalisch hatte ich das so gemacht, daß ich Streicher, Bläser und Sänger in der ersten Strophe zu voller Harmonie zusammenfaßte. Bei fortschreitendem Liede fiel eine Stimme und ein Instrument nach dem anderen aus, und zum Schluß klangen nur noch Margrits und Bettys Stimmen mit Lautenbegleitung ganz zart durch den kerzenschimmernden Raum.

Vater schüttelte dem jungen Komponisten und Dichter kräftig die Hand, Mutter umarmte mich gerührt, ich war sehr verlegen. Ein Glück, daß die Bescherung der Hausgenossen und dienstbaren Geister begann, die, wie an allen Festen, so auch am Weihnachtsfest teilnahmen.

Die Bescherung spielte sich üblicherweise so ab, daß nach dem Gottesdienst Mutter und Vater im Weihnachtszimmer die Geschenke aufbauten, während wir in der Küche ungeduldig warteten. Schließlich, nach langer, allzu langer Zeit, ertönte ein Glöckchen, wir ordneten uns zum Gänsemarsch, voran die beiden Kleinsten, und unter den Klängen des Liedes »Ihr Kinderlein kommet« zogen wir erwartungsfreudig in das Weihnachtszimmer ein.

Eine Silbertanne breitete ihre blauschimmernden Zweige vom Boden bis zur Decke, mit roten und weißen Kerzen besteckt. Unter dem Baum stand die Krippe, mit Moos verkleidet. Da zogen die Wunder des Morgenlandes am Jesuskind vorbei, Elefanten, Kamele, Dromedare, Mohrenknaben und die Heiligen Drei Könige. Maria, im blauen Gewand, lächelte auf das Kind nieder, während Josef, auf seinen Stab gestützt, geruhsam das liebliche Bild betrachtete.

Das Bläsersextett stellte sich auf, die Kleinen lagerten sich vor der Krippe, und die Hausgenossen nahmen auf Sofa und Stühlen Platz. Eva setzte sich ans Klavier, und wie vor Jahrhunderten erklang das alte vorreformatorische Lied:

> *»Es ist ein Ros' entsprungen*
> *aus einer Wurzel zart,*
> *wie uns die Alten sungen;*
> *von Jesse kam die Art*
> *und hat ein Blümlein bracht*
> *mitten im kalten Winter*
> *wohl zu der halben Nacht.«*

Dann las Vater die Weihnachtsgeschichte, deren Schluß nach einer bestimmten Reihenfolge von uns Kindern gesprochen wurde. Und wenn unser Benjamin mit glänzendschwarzen Augen in unbeholfener Kindersprache die Worte stammelte: »... un Friede auf Erden un den Menzen ein Wohldefallen«, dann mag dies kindliche Gebet im Herzen Gottes einen größeren Widerhall gefunden haben als manch unvernünftige Bitte eines Menschenkindes, das meint, man brauche nur zu fordern und Gott nur zu geben.

Jetzt kamen wir mit unseren Vorführungen und Einstudierungen an die Reihe. Jeder hatte etwas gemalt, gedichtet, gebastelt. Eva spielte ein Konzertstück, und Johannes blies ein Flügelhornsolo. Die Bläserkapelle intonierte alte, rhythmische Weihnachtsweisen, und der Familienchor, verstärkt durch Streicher und Blockflöten, sang eine Weihnachtskantate. Mit dem Lied »Herbei, o ihr Gläubigen, fröhlich triumphieret« schloß der »offizielle« Teil der Feier.

Nun folgte die Bescherung. Klopfenden Herzens zogen wir die Tücher von den verdeckten Tischen und bewunderten unsere Geschenke. Die Hausgenossen — Waschfrau, Flickfrau und Mädchen — schlugen die Hände zusammen über die schönen, praktischen Dinge, die da zum Vorschein kamen, und manche Träne floß. Wir Kinder aber waren bereits in lebhaftem Tauschhandel begriffen. Der eine aß lieber Nüsse, der andere lieber Marzipan; der eine spielte lieber mit Pferd und Wagen, der andere mit der Eisenbahn. So fand schließlich jeder das Geschenk, das ihm am meisten zusagte.

Dann wurden die Eltern vor ihren Gabentisch geführt, gerührt über den Ideenreichtum unserer Kartoffelklaubergeschenke. Die Kunstwerke der Maler in der Familie wurden Vaters scharfer Kritik unterzogen; Pferde wurden zu Katzen erklärt und Kühe zu Pferden. Aber da Vater listig dabei schmunzelte, nahmen wir die Kritik nicht tragisch, Mutter lobte dafür um so mehr.

Zum Abendessen gab es Kakao und Kuchen, dann ging es bald ins Bett, mußten wir doch zu der Frühmette am nächsten Morgen schon zeitig aus den Federn.

Eine Christmette in einer verschneiten Dorfkirche . . . Da ist es noch tiefdunkel, die Sterne flirren fern und unnahbar am blausamtenen Himmelsdom, ein eisiger Wind fegt über die Straße, und Glockentöne verschweben zitternd in der nach Schnee riechenden Luft. Wir wandern dick eingemummelt zur Kirche. In den Händen tragen wir lange Kerzen, die uns Licht spenden sollen in der Dunkelheit, denn elektrisches Licht gibt es nicht in unserer rührend kleinen Dorfkirche.

Das Kirchenportal steht weit offen, und schweigend setzen wir uns auf die »Pastorenbank« seitwärts am Altar. Die Kerzen werden entzündet, schon kommt der Kirchendiener mit einer langen Stange, an der vorn ein brennendes Licht befestigt ist, um die Kerzen am riesigen Tannenbaum zu entzünden, der vorm Altar steht. In allen Bänken flammen jetzt die mitgebrachten Lichter auf und erleuchten die guten, derben Gesichter unserer Bauern und Waldarbeiter, Knechte und Tagelöhner, Mädchen und Frauen. Frierend hockt der alte Kantor Knabe auf der Orgelbank, die blaugefrorenen Hände reibend, und der »Pustejunge« tritt ächzend den Blasebalg. Zitternd setzt die Orgel ein, und aus rauhen Kehlen braust es durch das Backsteingewölbe:

> »Lobt Gott, ihr Christen allzugleich,
> in seinem höchsten Thron,
> der heut schleußt auf sein Himmelreich
> und schenkt uns seinen Sohn.«

Wir stecken die kleinen Hände tiefer in den Pelzmuff. Der Atem steht wie eine weiße Fahne vor unseren Mündern. Die Kerzen flackern.

Vaters Predigt ist kurz und herzbewegend, der Hauptteil des Gottesdienstes ist an diesem Tag dem Gemeindegesang gewidmet. Und so klingen all die alten und neuen Weihnachtslieder, an denen unsere Kirche so reich ist: »Vom Himmel hoch, da komm ich her«, das »Kinderlied auf die Weihnacht Christi 1535« von unserem Reformator Martin Luther; »Kommt und laßt uns Christum ehren«, von Paul Gerhardt; »Brich an, du schönes Morgenlicht« vom Dichter der Freiheitskriege, Max von Schenkendorf; der alte Kölner Psalter »Zu Bethlehem geboren ist uns ein Kindelein« aus dem Jahre 1638; das nach dem lateinischen »Adeste fideles« gedichtete machtvolle Lied »Herbei, o ihr Gläubigen«; die altböhmische Christweise »Kommet, ihr Hirten, ihr Männer und Fraun«, und schließlich das Lied, ohne das ein Weihnachtsfest nicht mehr denkbar erscheint:

> »Stille Nacht, heilige Nacht!
> Alles schläft, einsam wacht
> nur das traute hochheilige Paar,
> holder Knabe im lockigen Haar,
> schlaf in himmlischer Ruh,
> schlaf in himmlischer Ruh!«

Die Christmette ist beendet. Die brennenden Kerzen in den kalten Händen, strömen die Menschen durch das Portal. Der Wind hat sich gelegt, silberweiße Flocken schweben langsam und feierlich zur Erde. Die goldenen Sterne blitzen, überall schimmern die zuckenden Kerzen durch die Dunkelheit, unsere Herzen sind übervoll. Weihnacht, du Fest des Friedens, durchglühe unsere Herzen und Seelen und mache sie offen für Not und Sorgen all der Armen und Kranken, die nicht wie wir mit glänzenden Augen in den Kerzenschimmer blicken!

Arme und Kranke. Wir hatten sie nicht vergessen! Was wäre ein Weihnachtsfest ohne die Freude, anderen vom Reichtum mitteilen zu können, Leidenden und Sterbenden das Licht zu bringen, das vom Stall von Bethlehem seinen Ausgang nahm und seit zwei Jahrtausenden die Welt erhellt.

So wanderten wir mit Körben und Paketen durch das tief-verschneite Dorf, kehrten im Armenhaus und in manch armseliger Hütte ein und erfüllten das Gebot der Schrift: »Was ihr getan habt einem unter diesen meinen geringsten Brüdern, das habt ihr mir getan.« Schöner als diese Gaben aber war die Freude, die wir mit unseren Blasinstrumenten, Geigen und Lauten in die Hütten der Armen trugen.

Es war am Weihnachtsabend, als wir zum erstenmal das von mir komponierte und gedichtete Marienlied aufführten. Wir saßen beim Abendbrot und futterten mächtig nach all der Aufregung. Da ging die Türklingel, und der alte Herr Müller kam herein mit betrübtem Gesicht, seine Schwester liege im Sterben.

Der alte Herr Müller war Junggeselle, ein komischer Kauz mit borstigem Igelkopf. Wir wußten, was der Tod seiner stillen Schwester für ihn bedeutete. Hatte er doch niemand mehr, der für ihn den Haushalt führte.

Vater blickte uns an.

Da standen wir schweigend auf, nahmen Hörner, Geigen und Lauten unter die Arme und folgten Herrn Müller und den Eltern in die Winternacht.

Als wir in das Zimmer der Sterbenden traten, lächelte sie nur noch schwach und flüsterte: »Mir ist ganz gut, Herr Pfarrer, ich bin ja nun bald im Himmel, aber mein armer Bruder, was soll aus dem werden!«

»Machen Sie sich darum keine Sorgen«, antwortete Vater, »wir werden Ihren Bruder nicht verlassen.«

Die Sterbende lächelte dankbar. Dann sah sie uns mit den Instrumenten in der geöffneten Tür. Ihr Gesicht leuchtete. »Lassen Sie die Kinder ein Weihnachtslied spielen, Herr Pfarrer«, bat sie mühsam, »ich möchte bald einschlafen!« Mutter stellte das Adventsbäumchen neben das Bett der Kranken, zündete die Kerzen an, und während die Sterbende mit glänzenden Augen in den Lichterschein blickte, begannen wir leise zu singen und zu spielen:

> »Maria wiegt im Rosenhag
> unter Blüten das heilige Kind,
> um ihr seidenes Goldhaar ein Sonnentag
> einen schimmernden Schleier spinnt.
> Eia Maria, eia Marein,
> wiege das heilige Kindelein,
> eia, eia, eia Marein,
> wiege das heilige Kindelein.«

Wie klingende Wellen eines goldklaren Baches strömten die Strophen dahin. Leiser und leiser wurde die Melodie. Instrument um Instrument verstummte. Und als Margrit und Betty zart und rein die Schlußstrophe anstimmten, war die Kranke unhörbar hinübergegangen in jenes Land, in dem es keinen Schmerz und keine Tränen mehr gibt.

Der alte Herr Müller schluchzte wie ein Kind. Aber als er auf das verklärte Gesicht der Toten blickte, drückte er uns tapfer die Hände. Wir aber wandten uns ergriffen ab, er sollte nicht sehen, daß auch uns die Tränen in den Augen standen.

Weihnachten ging vorüber, Silvester kam. Muß ich sagen, daß bei uns der Jahresschluß nicht laut und lärmend gefeiert wurde, sondern ernst und still, wie es diesen Stunden angemessen ist?

Ich habe nie verstanden, warum man das alte Jahr in Saus und Braus zu Ende führen muß, gerade in der heutigen Zeit! Kriege und bittere Not, Krankheit und unendliches Leid umgeben uns wie eine dunkle Mauer. Aber auch die Freude ist stiller geworden, die echte Herzensfreude. Sollte sie darum weniger tief sein? Ich glaube nicht.

So nahmen wir nach dem Abendessen, bei dem es leckere Pfannkuchen und Krapfen gab, die Hörner zur Hand und bliesen alte, feierliche Sätze von Johann Sebastian Bach, Johann Eccard und Melchior Franck.

Ging es dann gegen Mitternacht, so wanderten wir durch die stille Nacht zum Kirchlein, und wenn die Glocken mit mächtigem Schall das neue Jahr einläuteten, verkündeten die klaren Harmonien unserer Posaunen:

>*Befiehl du deine Wege*
und was dein Herze kränkt,
der allertreusten Pflege
des, der den Himmel lenkt.
Der Wolken, Luft und Winden
gibt Wege, Lauf und Bahn,
der wird auch Wege finden,
da dein Fuß gehen kann.«

DIE NEUE ZEIT

Johannes, Thomas und ich standen am See und ließen Schiffe
aus brauner Akazienrinde schwimmen. Margrit und Betty
trieben die schnatternden Gänse den Seegang hinunter. Eva
und Gerald wateten im seichten Wasser umher und versuch-
ten, mit einem alten Handtuch Stichlinge zu fangen, während
die beiden Kleinen auf der Wiese strampelten und mit großen
Augen in den blauen Frühlingshimmel blickten, an dem weiße
Wolken segelten.
Plötzlich stieß Thomas einen Schrei aus und wies aufgeregt
auf einen sonnenüberglänzten Wolkenberg, aus dem sich
blinkend wie mattes Silber eine schimmernde Riesenzigarre
schob — ein Luftschiff! Natürlich hatten wir schon von der
fabelhaften Erfindung des Grafen Zeppelin gehört, dessen
Husarenstückchen als junger Kavallerieleutnant im Deutsch-
Französischen Kriege mir, als ich sie in einem Buch der Volks-

bücherei las, bisher mehr Eindruck gemacht hatten als die ganze Luftschifferei. Aber als ich die Silberzigarre in majestätischer Ruhe und Größe hoch über uns dahinziehen sah, da zitterte mein Herz vor Begeisterung und Ergriffenheit, und wie ein Sturzbach durchschäumte mich die Erkenntnis: Das ist die neue Zeit!

Die neue Zeit, das Zeitalter der Motorräder und Konservendosen, der Flugzeuge und Omnibusse, der Maschinen und Motore, unmerklich hatte sie längst von unserem stillen Dorf Besitz ergriffen.

Mit Vaters Fahrrad fing es an. Alex war alt geworden und langsam, kaum war er noch zu einem kleinen Zuckeltrab zu bewegen. Nach wenigen Tarnsätzen schritt er schon wieder gemütlich dahin. Es war für Vater manchmal wirklich schwer, die Verpflichtungen des Amtes in seinen drei Dörfern pünktlich zu erfüllen.

Da kam Vater eines Tages mit einem Fahrrad aus der Stadt. Es war kein neues, natürlich, wo kämen wir da hin! Ein hochsitziges Vehikel, mit verbeulten Schutzblechen und rostiger Kette, präsentierte sich unseren bewundernden Blicken. Für fünfzehn Reichsmark hatte Vater es billig erstanden.

Schweigen wir davon, wie Vater fahren lernte. Die Ehrfurcht des braven Sohnes verbietet es mir. Bäcker Feuersteins Gartenmauer könnte allerlei erzählen, und manches Huhn, manche fette Gans rettete nur durch olympische Schnelligkeit ihr bedrängtes Leben.

Auch mir erging es nicht besser, als ich heimlich das Stahlroß aus dem Holzstall schob, um meinen Beitrag zur neuen Zeit zu leisten. Mühsam hob ich das Bein über den Rahmen, Georg hielt hinten fest, und rutschend und tretend lenkte ich dem Hoftor zu. Das war mir bisher immer recht groß und breit erschienen. Fuhren doch vollbeladene Erntewagen mühelos und ohne anzustoßen hindurch. Aber mir kam es jetzt vor wie das berühmte Nadelöhr in der Bibel, und ich war das Kamel! Ich versuchte zu bremsen. Zu spät! Mit voller Kraft sauste ich gegen die Hofmauer, im hohen Bogen auf dem Misthaufen landend. Nun, der war weich. Leicht parfümiert und benebelt erhob ich mich, um gemeinsam mit Georg das Unglück zu betrachten. Geschehen war nicht viel. Das Stahlroß hatte die Bewährungsprobe glänzend bestanden. Vater hatte, wie immer, gut gekauft.

Wir beulten das Schutzblech aus, richteten die Lenkstange und übten auf der Dorfstraße weiter. Mal fuhr ich, mal Georg, einer half dem anderen, und schneller als gedacht rollten wir in hurtiger Fahrt die Straße entlang. Alles wäre gut gegangen, wenn nicht der Dackel von Kaufmann Beutel in Unkenntnis des Einbruchs der neuen Zeit gemütlich über die Dorfstraße geschlendert wäre. Ein Schrei, ein Kläffen, ein winselndes Jaulen — und schon gingen die gummibereiften Räder über Rücken und Flanke des sich windenden Köters. Georg, der stolze Radfahrer, fiel vom Rad. Blutig und zerschlagen erhob er sich aus dem entehrenden Staub der Straße, dem Dackel war nichts geschehen. Kläffend und jaulend rannte er mit eingezogenem Schwanz von dannen.

Wir ließen die Köpfe hängen. Das Vorderrad des edlen Renners bildete eine große Acht. Mit vieler Mühe gelang es, das Rad wieder in den ursprünglichen Zustand zu versetzen. Doch hat Vater die Sache natürlich gemerkt, und die Rechnung wurde mit dem Rohrstock beglichen.

Bald sollte die neue Zeit sich noch eindrucksvoller beweisen. Gerüchte liefen durchs Dorf, der Häusler Meier habe einen Kasten aus der Stadt mitgebracht, aus dem man Musik, ja, richtiges Sprechen, hören könne. Wir glaubten es nicht. Das wäre ja Zauberei, so was sei doch verboten.

Wir fragten Vater. Der lächelte über unseren Eifer und erzählte uns von der Erfindung des Grammophons, an der, wie wir jetzt erst erfuhren, auch Mutters Vater, ein berühmter Schweizer Ingenieur, mitgearbeitet hatte.

Wenige Tage danach bekamen wir das Grammophon selbst zu sehen und zu hören. Die Töchter des Häuslers hatten uns mitgenommen, um uns das Wunderding zu zeigen. Sie platzten vor Stolz, und wir waren bereit zu vergessen, daß die Häuslerkinder nicht den besten Ruf genossen und uns selbst manch bösen Streich gespielt hatten.

In der ärmlichen Stube stand das Grammophon, ein großer brauner Holzkasten mit aufgesetztem Blechtrichter, ein unförmiges Ding! Erna, die Ältere, öffnete den Kasten, drehte an einer Kurbel, legte einen schwarzen, flachen Teller auf das grüne Tuch, rückte einen blinkenden Hebel, und schon begann der Teller zu kreisen, während eine spitze Nadel ihm schrille, quäkende Töne entlockte, die als »Musik« bezeichnet wurden. Wir sahen uns spöttisch an. Das sollte also das Wunder sein? Na, da machten wir bessere Musik als dieser Jammerkasten. Warum hatte Großvater bloß seine Zeit an solchen Unsinn verschwendet!

Da aber drehten die Häuslerkinder den schwarzen Teller um, und plötzlich ertönte unheimlich und geisterhaft eine menschliche Stimme. Wir waren wie vom Donner gerührt. Das war Zauberei, kein Zweifel, mit rechten Dingen ging das nicht zu. Wir blickten uns an. Dann sprangen wir wie auf Kommando auf und rasten zur Tür hinaus. Die Geisterstimme war zuviel für unsere unaufgeklärten Gemüter.

Besseren Erfolg hatte das erste Radioprogramm, das wir hörten. Vaters Amtsbruder und Freund hatte sich einen Detektorapparat gebastelt. Nach vielen Versuchen war das Ding fertig. Die Einweihung stieg in unserer Gegenwart. Erwartungsvoll saßen wir um den Apparat, an dem Vaters Freund geheimnisvoll manipulierte, den schwarzen Kopfhörer über den Ohren. Jetzt nahm er den Hörer ab und fragte mich: »Na, Frechdachs, willst du mal hören?« Ich ließ mir das nicht zweimal sagen, stülpte den Kopfhörer um und lauschte. Tatsächlich! Dünn und klar hörte ich eine schnarrende Männerstimme, die sang: »Immer rin, immer rin, in die Landwirtschaft, da haste deine Ruh!«

Du lieber Gott, der hatte eine Ahnung vom Landleben. Ich lachte und wußte nicht, daß ich den berühmten Humoristen Otto Reuter gehört hatte, von dem der beliebte, wenn auch unrichtige Refrain stammt: ». . . nur einmal blüht im Jahr der Mai, und in fünfzig Jahren ist alles vorbei.«

Aufregender war die Sache mit dem Faltboot. Da kamen eines Tages zwei Männer mit großen Rucksäcken dahergewandert und lagerten am See. Sie machten Feuer und brieten ein paar mitgebrachte Fische. Wir standen mit offenem Munde herum.

Die Fremden aßen ihre Fische, lachten und scherzten und fragten schließlich, wo der Weg weiter ginge. Wir sagten, daß sie um den See herumlaufen müßten, auf der anderen Seite sei die Straße. Da lachten sie wieder und sagten, sie würden den Weg abkürzen und direkt über den See wandern. Wir grinsten. Offenbar hatten die Fremden einen Knacks im Oberstübchen. Die spülten ihre Teller, öffneten die Rucksäcke, holten Stäbe und Schrauben heraus, eine ölglänzende Silberhaut, und begannen zu basteln. Vor unseren staunenden Augen entstand ein schmales, schlankes Boot, wohlgeeignet, zwei Menschen über das blaue Wasser des Sees zu tragen. Nach drei Viertelstunden schoben die Männer das Boot ins Wasser, packten Rucksäcke und Geschirr hinein, ergriffen die zusammengesteckten Paddel, und winkend fuhren sie hinaus auf die glitzernde Flut, bis sie nur noch als kleine Pünktchen zu sehen waren.

Vater stand der neuen Zeit skeptisch gegenüber. Mit Sorge sah er die Abwanderung der jungen Mädchen und Männer in die Stadt und das Eindringen großstädtischer Sitten und Gepflogenheiten in das bäuerliche Leben. Mit Maschine und Auto kamen Seidenstrumpf und Jazzmusik, brandete eine Welle der Vergnügungssucht und Sittenlosigkeit gegen die bisher so festgefügte und gesunde Ordnung des Dorfes und drohte sie zu zerstören. Sektierer und politische Redner machten den querköpfigen Bauern die Köpfe heiß, Aufsässigkeit und Besserwisserei ergriff die verwirrten Gemüter und machte sie krank und unbelehrbar gegen jede Warnung und Predigt.

So sahen Vater und Mutter die treue Arbeit eines ganzen Lebens gefährdet. Und wenn sie auch wußten, daß der Same, den sie in langen Jahren ausgesät hatten, unter all dem Unkraut nicht ersticken konnte und zu seiner Zeit Frucht tragen würde, im tiefsten waren sie enttäuscht von dieser Entwicklung, und damals mag zum erstenmal in ihnen der Gedanke aufgetaucht sein, Abschied zu nehmen vom Paradies unserer Kindheit.

Doch unternahmen sie nichts, um sich der nun noch schwerer gewordenen Arbeit zu entziehen, sie warteten still auf den Ruf, der sie zu neuer Arbeitsstätte führen sollte. Hierbei war auch der Gesichtspunkt entscheidend, daß wir Älteren die höhere Schule besuchen mußten. Für mich war die Sache klar, ich kam auf die Fürstenschule, die schon Vater und seine Brüder besucht hatten. Aber die anderen Geschwister sollten doch nicht alle fern vom Elternhaus aufwachsen.

So nahm Vater dankend an, als der Ruf an ihn erging, die erste Pfarrstelle in einer großen Industriegemeinde zu übernehmen. Erfreulich war hierbei nicht nur die Lösung der

Schulfrage, sondern auch die Tatsache, daß uns dort ein großes, fast dörfliches Pfarrhaus erwartete mit einem schönen Garten.

Den Abschied vom Dorf wird wohl keiner von den älteren Geschwistern vergessen haben. Ein letztes Mal standen wir an den Ufern des blauen Sees, der uns so viel Freude gespendet hatte. Ein letztes Mal stiegen wir zum Glockenturm hinauf und blickten über das lachende, gesegnete Land. Ein letztes Mal drückten wir die Hände all der Menschen, die Leid und Freud mit uns teilten. Und als der Wagen anrollte, der uns zur Bahn bringen sollte, rannen die blanken Tränen über unsere Wangen.

Für Vater war diese Zeit besonders schwer, fiel sie doch mit dem plötzlichen und unerwarteten Tod seines hochbetagten Vaters zusammen. So mußte er Mutter die Mühe des Umzugs allein überlassen und fuhr in die Hauptstadt, wo Großvater gelebt hatte. Ich durfte ihn begleiten.

Vater stammte aus einer uralten Berliner Familie, die 1298 vom Niederrhein nach Berlin einwanderte. Sie war ein stolzes, adliges Patriziergeschlecht, und noch heute weiß ich nicht, ob wir die Eigentümlichkeit, schwer unseren Nacken zu beugen, von den Schweizer Vorfahren mütterlicherseits oder den jeder Willkür abholden Ahnen väterlicherseits geerbt haben.

Der stolzeste Vorfahre war Bernd Ryke, jener Berliner Bürgermeister, der im fünfzehnten Jahrhundert den Aufstand dieser Stadt gegen die Hohenzollern führte und dabei Vermögen, Heimat und schließlich den Kopf verlor. Denn es besteht kaum ein Zweifel, daß die eisernen Reiter, die ihn in einsamer Waldgegend überfielen und töteten, Lehnsleute des Markgrafen von Brandenburg gewesen sind.

Die Armut, in die die Glieder unserer Sippe hierdurch gestürzt wurden, hat uns seitdem so ausdauernd und hartnäckig verfolgt, daß nur die allgemeine Not uns heute davor bewahrt, besonders aufzufallen.

Erst Großvater gelang es, sich aus dem Waisenhaus, in das er nach dem plötzlichen Tod beider Eltern verwiesen wurde, durch unvorstellbare Energie und eisernen Fleiß zum Mittelschullehrer emporzuarbeiten. Das nächtliche Selbststudium bei Kerzenlicht hatte allerdings seine Augen so angegriffen, daß er stark kurzsichtig wurde und im fünfzigsten Lebensjahr erblindete.

Es ist eine der ehrfürchtigsten Erinnerungen meiner Kinderzeit, wenn ich dieses Mannes gedenke, der mit langem, schlohweißem Haar und gleichsam in die Ewigkeit gerichteten Augen langsam und tastend durch unseren Garten ging, ein Patriarch, der mit seiner frühverstorbenen Gattin alle Entbehrungen auf sich nahm, um die sieben Kinder studieren zu lassen. Und ich kann mir denken, daß es ein stolzes Gefühl für ihn gewesen ist, als die vier Töchter das Lehrerinnenexamen ablegten und die drei Söhne im schwarzen Talar des protestantischen Pfarrers vor dem Altar standen.

Großvaters Tod traf Vater schwer. Verlor er doch in ihm den besten Freund, der alle Sorgen mit ihm teilte. Hinzu kam, daß die Beerdigung gerade in die Zeit des Umzugs fiel, so daß Vater und ich direkt von der Hauptstadt aus in die neue Heimat fuhren.

Das Schönste der neuen Heimat war die wunderbare Umgebung, vor allem die herrlichen Seen und Wälder. Wie mächtig brauste das Lied der endlosen Buchen- und Kiefernwälder, wie prächtig blitzte das weithin blauende Gottesauge des riesigen Sees, gegen den unser alter Dorfsee nur ein Ententeich schien. Wie blinkte das Licht des jungen Tages auf den silbernen Birkenstämmen, wie dufteten die violetten Polster des Heidekrauts unter dem summenden Bienengeläut!

In aller Frühe schon ergriff ich Schnur und Haken meiner Hechtangel und fuhr mit dem Rade hinaus in die erwachende Natur. Lautlos rollte ich über den rostroten Teppich vorjährigen Buchenlaubes durch den grüngoldenen Dom.

Ein rotbuschiger Eichkater huschte über den Weg, eine Hohltaube rief. Ein Rudel Rehe verhoffte mit spielenden Lauschern, ein Hase hob sich neugierig auf die Hinterläufe und äugte mit steilen Löffeln. Es duftete nach Pilzen und verwesendem Laub. Mein Herz war in Frieden.

Als ich aus dem Wald herauskam, dehnten sich weit die morgenfrischen Felder, ein Rebhuhnvolk flog auf, Fasanen duckten sich nieder. Glockenklänge verschwebten, bald heller, bald dunkler, durch die blaugoldene Luft. Ein Bussard kreiste am Himmel, zwei Fischreiher hoben sich mit gereckten Hälsen von den grünen Ufern des nahen Sees und flogen wie auf altjapanischer Tuschzeichnung grausilbern über den blitzenden Wasserspiegel.

Ich ließ mich am Ufer nieder und warf die Angel aus. Der Boden war feucht vom Tau, ich breitete die Windjacke über das Gras und blickte still und unendlich glücklich auf den weißen Federkiel der Angel. Hin und wieder biß ein Fisch, dann ergriff mich gespannte Aufmerksamkeit. War doch der Hecht ein schlauer Bursche, der nicht jeden Köder annahm, und oft zog ich die Angel leer heraus mit abgefressenem Köder. Aber manchmal war mir doch das Fischerglück hold, und mit wippendem Schwung der biegsamen Rute flog zappelnd der Herr des Sees ans Ufer, wo ich ihm schnell den Garaus machte. Höher und höher stieg das goldene Rad der Sonne, wärmer und wärmer wurde die Luft. Da packte ich mein Gerät zusammen und fuhr heimwärts. Zu Hause wurden die gefangenen Fische ausgenommen, gewaschen und gesalzen, und dann bruzzelten sie knusprig in der Pfanne.

Auch Krebsfangen war ein Vergnügen, wenn auch der Köder, verwesendes Fleisch, nicht gerade lieblich roch. In den Löchern der großen Tongruben lauerten die scherenbewehrten Gesellen und ließen ihre Fühler spielen. Da baumelte der Köder vor ihrer Nase und zog sie unwiderstehlich in die Höhe, während der Kescher schon tückisch von unten heranglitt, um sie listig einzufangen.

Mein treuester Begleiter hierbei war der kleine Gerald. Unermüdlich hielt er den Köder in die graugrüne Flut und zitterte vor Aufregung, wenn wieder ein Scherenträger aus der Tiefe stieg, um in unserem Kochtopf zu landen.

Der See, von dem ich vorhin erzählte, sah auch meine erste Liebe. Sie hieß Lotte und hatte krausschwarzes Haar. Ich war Primaner und trug stolz die rostrote Mütze der Alma mater Joachimica. An einem Juniabend trafen wir uns zum erstenmal heimlich am See. Leise schlugen die Wellen ans Ufer. Ein Sprosser schluchzte im Weidengebüsch, eine Rohrdommel schnarrte. Der Mond warf goldene Blitze über die dunkle Wasserfläche, ein Fisch schnellte aus schwarzer Tiefe, silberne Tropfen sprühten.

Wir saßen beieinander und blickten schweigend über den See, hinter dem die gezackte Silhouette des Waldes emporwuchs. Unsere Herzen klopften. Lotte hatte rote Rosen ins Haar geflochten und duftete betäubend nach ›Eau de Cologne‹. Glühwürmchen flogen. Hier und da blitzte ihr grünliches Licht, kleine Smaragde auf dem blauschwarzen, sternenbestickten Mantel der Nacht. Ich legte den Arm um Lottes Schulter und küßte sie scheu. Sie erwiderte unbeholfen meinen Kuß. Dann schwiegen wir verlegen. Als die goldene Scheibe des Mondes hinter dem Wald verschwand, standen wir auf und gingen Hand in Hand nach Hause. »O daß sie ewig grünen bliebe, die schöne Zeit der jungen Liebe!«

LIEBESLEUTE

Jetzt muß ich die seltene und rührende Liebesgeschichte unserer Eltern erzählen, ohne die dies ganze Buch ja nicht entstanden wäre, und Mutter mag mir verzeihen, wenn ich,
nachdem ich die Geschichte meiner ersten Liebe erzählt habe,
nun die der ihrigen berichte.

Mutter ist Genferin, und etwas vom Geist dieser großzügigen
und kultivierten Stadt muß bei ihrer Geburt Pate gestanden
haben. Es kann aber auch sein, daß die Sage recht berichtet,
die erzählt, daß Mutters Vorfahren Raubritter gewesen seien,
die mit kühnen Überfällen und verwegenen Kriegszügen die
armen Pfeffersäcke so lange schröpften, bis diese zur Gegen-
wehr übergingen und die stolze Burg unserer Ahnen in
rauchige Trümmer verwandelten.

Wie dem auch sei, etwas Adliges haftete Mutter immer an,
ja, man kann sagen, im guten Sinne etwas Soldatisches. So
war es denn kein Wunder, daß schon bei ihrer Geburt ihr

Vorname Ottilia als »Attila« und »männlichen Geschlechts« ins Zivilstandsregister eingetragen wurde. Und es war eine schwere Enttäuschung, als sie die Einberufung zu einer militärischen Übung auf Großvaters Geheiß zurückgehen lassen mußte.

Dafür konnte sie dann ins Ausland fahren, auf ein polnisches Schloß, wo schon Großmutter als Erzieherin weilte. Dort, in den schneebedeckten Bergen Zakopanes, fand sie eine zweite Heimat. Aber als man vorhatte, sie »gut zu verheiraten«, entfloh sie erschreckt und überstürzt.

Auf der Durchreise durch Deutschland blieb die elegante Schweizerin in der Stadt hängen, in der Vaters Vorfahren zwei Jahrhunderte als Bürgermeister wirkten. Vielleicht hatte sie sich zu viele Hüte gekauft, vielleicht einem armen Mann ihre Brieftasche geschenkt — beides wäre ihr zuzutrauen —, jedenfalls entschloß sie sich resolut, eine Stelle als Erzieherin anzunehmen.

So kam Mutter auf das Märchenschloß unserer Kindheit. Und hier begegnete ihr Vater, der die Grafensöhne unterrichtete und sich gleichzeitig auf sein zweites Examen vorbereitete.

Doch war es keine Liebe auf den ersten Blick zwischen den beiden so sehr verschiedenen Menschen. Denn Vater war mit einer jungen, dunkelhaarigen Gutsbesitzerstochter verlobt, und Mutter blickte hochmütig auf den jungen Theologen hinab, der so gar nichts von den Sitten der großen Welt an sich hatte. Doch traf man sich bei der Erziehung und Ausbildung der Grafenkinder und an den regelmäßigen Musikabenden, bei denen vor allem im Quartett gesungen wurde. Ich besitze noch heute ein prächtiges Bild der Quartettsänger, zwei Herren und zwei Damen, die Damen in langen weißen Abendkleidern, die Herren im eleganten Frack. Ja, es waren vornehme Zeiten, wo man zu den Musikabenden »grande toilette« machte.

Dann trat die Tragödie ein, die Vater Mutters Herz gewann. Einen kleinen Knacks hatte es ja schon bekommen, als Mutter erlebte, wie Vater bei starrender Winterkälte ein junges Reh, das er mit wunden Läufen im Schnee fand, auf schmerzenden Armen stundenlang zur bergenden Futterhütte trug. Aber entscheidend dafür, daß sich die stolze und hochmütige Schweizerin entschloß, eine kleine, unscheinbare Pfarrfrau zu werden, war das traurige Ende von Vaters erster Liebe.

Vater hatte sein Examen erfolgreich bestanden und eine Pfarrstelle in jenem Dorf erhalten, in dem meine Geschwister und ich geboren sind. Die Hochzeit wurde festgesetzt, und das Dorf bereitete sich darauf vor, die junge Pfarrfrau zu begrüßen. Aber wenige Tage vor dem festlichen Ereignis legte sich die Braut nieder, um nie mehr aufzustehen. Eine Lungenentzündung raffte sie schnell dahin. Zwei Tage vor der Hochzeit starb sie und wurde am Hochzeitstage von Vater beerdigt.

Ich weiß dies nicht von Mutter, sondern von anderen Menschen, die diese Beerdigung miterlebten. Aber ich weiß, welch unauslöschlichen Eindruck auf die Leidtragenden nicht allein die Tatsache machte, daß hier ein junger Mensch an jenem Tage, der sein Freudentag sein sollte, sein Liebstes zu Grabe trug und ihm auch noch die Grabrede hielt, sondern vor allem die tapfere und gläubige Haltung, die der arme, junge Bräutigam zeigte, als die Erdschollen auf das zerbrochene Glück polterten.

So ist es verständlich, daß noch Jahre vergingen, bis die tiefe Wunde in Vaters Herzen vernarbte und unsere Eltern zueinander fanden in einer Ehe, die in ihrem Reichtum und Segen noch heute Früchte trägt.

Die Hochzeit unserer Eltern muß ein kleines Märchen gewesen sein, denn sie heirateten auf dem Schloß, auf dem sie sich kennenlernten, zur Rosenzeit. Die Trauung in der von Orgelklang erfüllten Schloßkirche, das Jawort der lieblichen Braut und des glücklichen Bräutigams, die von lieber Hand vorbereiteten Hochzeitsfeierlichkeiten, die Fahrt mit eigenem Pferd und Wagen durch ährenwogende Felder zu der Stätte jungen Glücks und gemeinsamer Wirksamkeit — es klang uns Kindern wirklich wie ein Märchen.

Die mächtige Linde vor dem Rosenhaus stand über und über in Blüte. Das Summen unzähliger Bienen läutete wie eine Bronzeglocke, und ein betäubender Duft schwoll süß wie Honig durch das mit vielen roten Rosen bekränzte Haus, aus dessen grünem Gerank nur noch das schwere, mütterliche Dach hervorschaute.

In der Tür stand Marie, unsere erste Magd, mit weißer Schürze und rosigem Gesicht. Sie reichte den jungen Eheleuten Salz und Brot auf hölzerner Schale und wünschte Glück und Segen »viel hundert Jahr«. Im Eßzimmer war das gräfliche Geschenk aufgebaut, ein herrliches Rosenthalservice. Küche und Keller waren wohlgefüllt, die Dorfleute hatten es sich nicht nehmen lassen, überreich für das leibliche Wohl des jungen Paares zu sorgen. Tränen der Rührung in den Augen, wandelten die beiden durch Hof und Garten hinunter zu der Bank am schimmernden See und dankten Gott aus tiefstem Herzen.

DAS MÄRCHENSCHLOSS

Mutter heiratete mit einunddreißig Jahren und bekam elf Kinder, das letzte, unseren Benjamin, mit sechsundvierzig Jahren. Wenn die Leute sie und Vater wegen der großen Kinderschar bedauerten, lachte sie nur. Waren doch Kinder ihr ganzes Glück, und wenn es möglich gewesen wäre, hätte sie noch mehr bekommen.

Auch Vater war ein großer Kindernarr, der mit Stolz die lange Tafel in der Laube überblickte, an der wir bei den Mahlzeiten aufgereiht saßen, wie Schwalben auf einem Telegraphendraht. Kinder sind auf dem Lande immer erwünscht, und wie hätte Vater Garten und Acker bestellen sollen ohne seine mehr oder weniger fleißigen Hilfstruppen!

Das wichtigste für Vater war die Besetzung seiner Bläserkapelle. Jeder neue Erdenbürger bedeutete einen freudig begrüßten Zuwachs für das Familienorchester, und ich könnte mir vorstellen, daß Vater ab und zu sorgenvoll zu Mutter sagte: »Tilli, ich glaube, wir brauchen noch ein Flügelhorn!«

Acht Tage vor dem freudigen Ereignis pflegte der gräfliche Schimmelwagen vorzufahren und drei bis vier Kinder zu Mutters Entlastung auf das Märchenschloß zu entführen.

Auf sanfter Höhe, inmitten rauschender Rotbuchen, kerzenbesteckter Kastanien und wehender Trauerweiden ruhte das vieltürmige, mächtige Schloß wie eine riesige Wasserburg. Jahrhunderte hatten an seinem stolzen Bau mitgewirkt, ein Stück Geschichte spiegelte sich in den dunkel-verträumten Teichen unterhalb seiner Mauern.

Der älteste Teil des Schlosses stammte noch aus der Zeit der Kreuzzüge. Meterdicke Mauern umgaben einen riesigen Hof, die zahlreichen Fenster blitzten schießschartengleich in der funkelnden Morgensonne. In diesem Schloßflügel befand sich das sogenannte Marschallzimmer, das ein Vorfahr des Grafen bewohnt hatte, der im Dreißigjährigen Krieg als Generalfeldmarschall die kaiserlichen Truppen befehligte. Vater hat mir das Zimmer einmal gezeigt, als er seinen Urlaub dort verbrachte und ich als stolzer Primaner über das Wochenende zu Besuch kam. Nach dem Mittagessen, bei dem wir wie üblich nicht satt wurden, weil der Graf sehr schnell aß und der bei Tisch aufwartende Leibjäger sofort die Teller abräumte, wenn der Graf fertig war, winkte mir Vater und sagte: »Komm, jetzt zeige ich dir mal das alte Schloß!« Das war eine Vergünstigung, die nicht jedem gewährt wurde. Befanden sich doch in diesem Teil des Schlosses Kunstschätze, alte Stiche und wertvolle Möbel, die jedem Museum zur Zierde gereicht hätten.

Wir schritten durch hallende Flure und Gänge. Die lebensfrohe, seidenknisternde Eleganz des aus der Rokokozeit stammenden »Neuen Schlosses« wich dunkler, wehrhafter Schwere, spiegelndes Parkett steinernen Marmorfliesen, zierlich geschweifte Drechslerkunst ungefüger Zyklopenarbeit. Vergilbte

Jagdstiche an den rohen Wänden zeigten Hetzjagden und Reiterschlachten. Hier wehrte ein mächtiger Keiler der Meute kläffender Hunde, dort stieß ein eisengepanzerter Ritter mit eingelegtem Speer auf den helmbewehrten Gegner. Gewaltige Rosse hoben sich mit feurigen Augen und dampfenden Nüstern auf die kraftstrotzende Hinterhand, ungeheure Eichen wölbten ihr schirmendes Dach.

Vater stieß den kolossalen Schlüssel in das eisenbeschlagene Türschloß zum Marschallzimmer und öffnete. Oft habe ich mir schon überlegt, daß die Menschen früher wohl größer und stärker gewesen sind. In der Zeitung lese ich zwar immer wieder, wie die Menschen im Laufe der Jahrhunderte mehr und mehr an Länge und Kraft zunehmen; aber ich glaube, das stimmt nicht. Wer von uns heute könnte in einer Rüstung der Ritterzeit spazierengehen oder gar aufs Pferd klettern? Wer wäre imstande, auf dem Fechtboden mit einem gewaltigen Ritterschwert sechzig Gänge durchzustehen? Und wer könnte, ohne zu ermatten, lange einen der riesigen Humpen heben, aus denen unsere Altvorderen ihren offenbar nicht geringen Durst zu stillen pflegten?

Alle diese schönen Dinge standen, lagen oder hingen im Marschallzimmer, benannt nach jenem Marschall, der Gustav Adolf von Schweden blutige Scharmützel lieferte. In der großen, lichtdurchfluteten Bibliothek des Schlosses hatte ich ein Bild dieses Mannes gesehen, und ich muß gestehen, daß mir ein Schauer über den Rücken lief, als ich in die eiskalten, erbarmungslos spähenden Augen dieses Riesen im Lederkoller blickte, der harte Manneszucht unter seinen aus allen Ländern Europas zusammengelaufenen Söldnern hielt.

Am besten gefielen mir im Marschallzimmer die aus Hirschgeweihen und Elchschaufeln gefertigten Stühle, der mit den Waffen eines Keilers verzierte, mächtige Eichentisch, die silbernen Humpen, ein gewaltiger Harnisch und der eisgraue, präparierte Kopf eines riesigen Wolfes, der mit reißendem Fang von der Wand bleckte.

Freundlicher als das Marschallzimmer war das sogenannte Jagdzimmer, in dem hin und wieder das Mittagessen eingenommen wurde. Das Zimmer selbst bot nichts Besonderes, aber die Decke war schlechthin ein Meisterwerk. Da war von einem begabten Bildhauer vergangener Jahrhunderte das ganze Waidwerk dargestellt. Springende Hirsche, verfolgt von gierigen Hunden, tückische Keiler, nach der Meute schlagend, zierliche Rehe, am Waldrand äsend, und lustige Hasen, von Treibern verfolgt. Auch tropische Tiere sah man, Elefanten mit langen Rüsseln, Nashörner mit gepanzertem Nacken und breitköpfige Tiger, den Dschungel durchstreifend. Wir konnten den Blick nicht abwenden von all den Merkwürdigkeiten, die oben an der Decke zu sehen waren, und mancher Löffel Spinat landete am Hals statt im Mund.

Herrlich war die mit langen, schmalen Fenstern versehene Bibliothek. An den Wänden standen hohe Regale aus Ebenholz, in denen in endlosen Reihen gleich Soldaten die Bücher eines Jahrtausends aufmarschiert waren. Schweinslederne Folianten wechselten mit blauseidenen Schäferliedern, edelsteingeschmückte Holzkassetten mit eisenbeschlagenen Pandekten, handgeschriebene Mönchsschriften mit siegelbeschwerten, vergilbten Pergamenten. Der kühne und stolze Geist abendländisch-christlicher Kultur feierte Hochzeit in den stillen, lichtfunkelnden Räumen dieser einmaligen Stätte ehrfürchtig schweigender Sammlung.

Über und zwischen den Regalen hingen in Lebensgröße die Porträts der gräflichen Vorfahren. Vom schwarzdunklen Bild des Marschalls bis zu der von Meisterhand gemalten Darstellung einer blühenden, jungen Dame in zartgelbem Atlaskleid blickte ernst und streng, lächelnd und sinnenfroh aus goldenem Rahmen die lange Reihe der Ahnen einer Familie die ein halbes Jahrtausend zu den besten gehörte, bis der Sturm der neuen Zeit auch über sie hinwegging.

Wenn wir Kinder vor der Geburt eines neuen Familiengliedes Gäste auf dem Schloß waren, hätten wir Zeit und Muße gehabt, all die Herrlichkeiten in Ruhe zu betrachten, wenn Fräulein Plank nicht gewesen wäre. Sie bildete das Gegenstück zu unserer Tante Mieze. Auch sie war klein und verwachsen, auch sie versuchte vergeblich unseren Forscherdrang zu zügeln. Ach, sie war wirklich nicht zu beneiden! Es läßt sich ja denken, was dabei herauskommt, wenn man wilde, ungezügelte Dorfrangen auf das glatte Parkett adliger Lebenskultur verpflanzt, auf dem wir nicht nur mit den kleinen Schuhen auszurutschen pflegten; ich habe jedesmal gezittert, wenn ich das spiegelblanke Parkett überschreiten mußte.

So waren wir glücklich, wenn wir der Aufsicht Fräulein Planks entweichen und in der Umgebung des Schlosses umherstreifen konnten. Unser erster Weg führte dann immer zu Kutscher Timm. Dieser war ein dicker, freundlicher Mann mit rotem Gesicht, der schon Vater als jungen Vikar in die Geheimnisse des Kutschierens eingeweiht hatte. Freundlich empfing er uns, wenn wir mit Hallo in den Marstall stürmten, vom Gekläff sämtlicher Jagdhunde im Zwinger begrüßt.

Der Marstall war ein langgestrecktes Gebäude im Schinkelschen Stil, das etwa hundert edle Pferde beherbergte. Box an Box standen da braune Trakehner neben reinrassigen Arabern, hochmütige Engländer neben französischem Vollblut, amerikanische Traber neben lustigen Shetland-Ponys. Ein herrlicher Duft nach Leder und Pferden füllte unsere kleinen Lungen, und wir waren glücklich, wenn wir Kutscher Timm Hafer und Stroh herbeikarren oder gar einem Vollblut den Sattel überwerfen konnten. Den Höhepunkt der Seligkeit aber bildete es, wenn Kutscher Timm uns auf eines der edlen Tiere hob und dies im Stall umherführte. Das war etwas anderes als die wilden Ritte auf Elsbeths Pony. Wie Stahl federten die Gelenke, wie Seide glänzten die Flanken des edlen Blutes. Tänzelnd schritt es dahin, die feurigen Augen glänzten, und wir kamen uns vor wie Old Shatterhand auf seinem Silberrappen Hatatitli.

Vor dem Marstall lag der Zwinger der Jagdhunde. Wenn wir mit Vater aufs Schloß fuhren, so pflegten wir im Marstall auszuspannen, damit Kutscher Timm während unseres Aufenthaltes im Schloß den kitzligen Alex in seine Obhut nahm. Kaum hatte unser Wagen das Tor durchfahren, so setzte ein ohrenbetäubendes Gekläff ein, die Begrüßung der Jagdhunde. Da waren alle Rassen der Welt vertreten. Der braunweiße Münsterländer neben dem bärenhaften Neufundländer, der schottische Schäferhund neben dem deutschen Kurzhaar, die lustigen Dackel, kurz-, rauh- und glatthaarig, neben dem treuen Bernhardiner, der grimmige Boxer neben afghanischen Windhunden, ja selbst ein dicker Mops blickte uns verächtlich schnaufend nach. Es war klar, daß wir vom Zwinger kaum wegzubringen waren, und stets hatten wir an Leckerbissen gedacht, die wir unseren Lieblingen durch das engmaschige Drahtgitter zusteckten.

Vom Zwinger und Marstall waren es nur wenige Schritte bis zum Park, der, wie das Geschmeide den kostbaren Stein, das Schloß umgab. Der Park war nach englischer Art angelegt. Liebliche Wiesen wechselten mit prächtigen Alleen, seltene Bäume mit verschwiegenen Seen und Teichen, auf denen großblättrige Seerosen ihre weißschimmernden Sterne breiteten.

Den schönsten Blick über Park und Schloß hatte man vom

Apollotempel, einem von Schinkel entworfenen offenen Tempel in griechischem Stil. Wie ein Wasserfall stürzte der Park von dort hinab ins Tal und stieg dann sanft zur Schloßhöhe empor. Daher gab es hier ein herrliches Echo, und es war wundersam anzuhören, wenn Vater am Geburtstag der Gräfin oben am Apollotempel ein Ständchen blies und die Töne wieder und wieder von Wald und Höhen zurückgeworfen wurden. Wir nutzten das Echo natürlich zu anderen Versuchen, und diebisches Gelächter tönte, wenn auf unsere Frage: »Wie heißt der Bürgermeister von Wesel?« das Echo antwortete: ». . . Esel!«

Der Graf und die Gräfin waren das schönste Paar, das ich je gesehen habe. Beide waren außerordentlich groß und stattlich, der Graf über zwei Meter hoch. Beide hatten Augen von jenem leuchtenden, stählernen Blau, wie es nur Seeleute und Adler haben. Wenn je das Wort Adel berechtigt war, dann bei diesen beiden auch innerlich vornehmen Menschen.

Die vier Grafensöhne waren ebenso hochgewachsen wie ihre Eltern, keiner von ihnen war unter zwei Metern. Wir hatten kein richtiges Verhältnis zu ihnen. Sie waren uns zu lang und zu vornehm. Aber ihre schönen Pferde haben wir natürlich verbotenerweise doch geritten, wenn die gräflichen Schüler zu Vaters Konfirmandenunterricht kamen.

Dafür war das Verhältnis zu »Onkel Graf« und »Tante Gräfin« das herzlichste, das man sich nur denken kann, auch als Vater und Mutter nicht mehr die Erzieher ihrer Söhne waren. Sie nahmen am Blühen und Gedeihen unseres Hauses regen Anteil, standen Pate bei verschiedenen Geschwistern und versorgten uns mit Wildbret, wenn Schmalhans Küchenmeister war. Selbstverständlich bemühten wir uns, so gut es ging, unsere Dankbarkeit zu bezeugen, indem wir die Geburtstage der gräflichen Familie mit unserer Musik verschönten.

Mit Beschämung muß ich da an die Geburtstagsfeier des Grafen denken, als meine Eltern einmal verreist waren. Wir hatten damals eine Hausdame, die für die Zeit, da Mutter in einem Seebad zur Erholung weilte, Mutterstelle an uns vertreten sollte. Die alte Dame tut mir noch heute leid. Es wäre klüger gewesen, wenn sie eine Stelle als Zirkusdompteuse angenommen hätte! Löwen und Tiger waren sanfter als wir.

Ich saß am See und hütete die Gänse, als Maria herbeischlich und mit einem Blick auf Georg flüsterte: »Hast du daran gedacht, daß Onkel Graf morgen Geburtstag hat?« Ich hatte es nicht. Aber was sollten wir machen, wenn die Eltern nicht da waren? Fräulein Dressler, die Hausdame, würde uns kaum erlauben, auf eigene Faust eine Geburtstagsvisite zu machen. Also mußten wir ohne Erlaubnis verschwinden. Einer mußte natürlich dableiben zum Gänsehüten, und es war klar, daß das keiner von uns beiden war. Unser Blick fiel auf Georg, und die Lage war geklärt. Georg mußte die Gänse hüten, und wir zwei Ältesten würden die Glückwünsche der Familie zum Geburtstag überbringen.

Am nächsten Morgen zogen wir heimlich unsere Sonntagskleider an, bestachen Georg mit einer Tafel Schokolade aus Vaters Schreibtisch, die Gänse zu hüten, und verdufteten quer übers Feld zur Geburtstagsvisite. Damit Fräulein Dressler unser Ausflug nicht zu schnell auffiel, hatten wir davon Abstand genommen, Schuhe anzuziehen. So trabten wir munter dahin, barfuß, große Sträuße Heidekraut in den nicht ganz sauberen Händen.

Als wir am Lindensee vorbei waren, hörten wir hinter uns ein heftiges Rufen. Wir drehten uns um. Da kam Georg übers Feld gelaufen, die Tafel Schokolade in der Hand schwenkend. Er hatte sich die Sache anders überlegt und errechnet, daß der Besuch auf dem Schloß nicht mit einer Tafel Schokolade aufzuwiegen war. So hatte er Gänse Gänse sein lassen und sich aufgemacht, uns zu begleiten. Wir wurden böse. Nein, das ging nicht. Erstens war dann niemand da, der auf die Gänse aufpaßte, und zweitens war Georg so schmutzig, daß er unmöglich in dieser Aufmachung aufs Schloß konnte. Doch Georg war jeder Ermahnung unzugänglich.

Als er auch unser letztes Friedensangebot, das Versprechen, bei passender Gelegenheit noch eine Tafel Schokolade für ihn zu stibitzen, ablehnte, griffen wir, wie unsere erwachsenen Kollegen in der Politik, zum letzten Mittel: Wir erklärten Georg den Krieg! Ein hitziges Gefecht entbrannte, in dem wir zwar dank doppelt überlegener Streitkräfte Sieger blieben. Der besiegte Georg trabte, wilde Drohungen und Verwünschungen ausstoßend, Richtung Heimat. Unsere Sonntagskleider jedoch waren schmutzbedeckt und keineswegs mehr festlich anzusehen. Das schreckte uns aber nicht ab, die Geburtstagsvisite durchzuführen, und ich sehe heute noch das halb amüsierte, halb entsetzte Gesicht der Gräfin, als wir mit unseren Heidesträußen die Schloßtreppe heraufkamen.

Nachdem wir den ersten Hunger mit Apfelkuchen und Schlagsahne gestillt hatten, dachten wir an den so schnöde behandelten Georg. Unser Gewissen schlug. Was nützten die schönsten Spiele, die Fräulein Plank mit uns veranstaltete, wir blieben still und gedrückt. Heimlich steckten wir ein paar Stücke Kuchen ein, erklärten Fräulein Plank, daß wir wieder nach Hause müßten, verabschiedeten uns errötend von der lächelnden Gräfin und schlichen beschwerten Gemütes nach Hause.

Hier hatte der mißhandelte Georg natürlich alles erzählt, und Fräulein Dressler schwor, noch selbigen Abends einen fürchterlichen Brief über unsere Schandtat an die Eltern zu richten. Nur unsere ehrliche Reue bewog sie schließlich, davon Abstand zu nehmen. Den Kuchen aber, den wir für Georg mitgebracht hatten, gaben wir ihm nicht, sondern aßen ihn zur Strafe dafür, daß er uns verraten hatte, selber auf. Der eigenen Strafe aber entgingen wir doch nicht, als Vater später die Sache vom Grafen erfuhr. Zu unserer Genugtuung bekam aber auch Georg eine Abreibung, weil er die Gänse im Stich gelassen hatte.

Das Schönste, was ich jemals auf dem Schloß erlebte, war ein Flötenkonzert im Stile Friedrichs des Großen. An einem Winterabend zog Vater den Pferdeschlitten aus der Remise, packte Fußsäcke und Decken hinein und sagte zu Mutter: »Na, wollen wir die drei Ältesten mitnehmen?« Mutter bejahte lächelnd. Wir waren voller Spannung und jubelten, als wir hörten, daß es aufs Schloß ginge zu einem Konzert. Als die Kleinen zu Bett gebracht waren, wurden wir warm angezogen und hinten im Schlitten verpackt, daß nur noch die Nasenspitzen herausschauten. Alex wurde vorgespannt, die Eltern stiegen ein, und fort ging es in die sternklare Nacht.

Leise klangen die Glöckchen an Alex' Sielen, der Schnee leuchtete, und die Kufen des Schlittens sangen. Wir schauten mit großen Augen in die funkelnde Sternenwelt über uns. Dort, über dem schwarzen Wald, blitzten die goldenen Nägel des Orion, da hinten, über dem Tiergarten, stand groß und mächtig das Sternbild des Großen Bären. Von Vater sahen wir nur den breiten Rücken im Schafspelz und die schwarze Fellkappe über den Ohren, von Mutter das kühne Profil, wenn sie leise etwas zu Vater sagte.

Alex trabte scharf, er hatte ein paar Tage im Stall gestanden, Vater hielt die Zügel straff.

Im Marstall spannten wir aus und gingen zu Fuß zum Schloß hinüber. Da hielten schon zahlreiche Equipagen und

Schlitten; Pelze und elegante Garderoben blitzten; wir kamen uns ganz ärmlich vor mit unseren Matrosenblusen und -kleidern. Vater, der unsere Befangenheit merkte, nahm uns fest an der Hand. Wir schritten die Schloßtreppe hinauf. Oben stand Dirks, der Haushofmeister, mit dem Gesicht eines Lords und nahm uns die Mäntel ab. An der Hand der Eltern gingen wir, scheu durch all die Menschen in so glänzender Kleidung, in den großen Rittersaal, wo das Konzert stattfinden sollte.

Eine Flut von Kerzenlicht empfing uns. Die riesigen Kristallüster, die siebenarmigen Leuchter an den Wänden waren mit flackernden Kerzen versehen. Auch am schwarzspiegelnden Konzertflügel leuchteten zwei dicke gelbe Honigkerzen.

Die Eltern begrüßten das gräfliche Paar, wobei ich Gelegenheit hatte, die demokratische Gesinnung unserer Eltern zu bewundern. Denn während alle anderen Festteilnehmer durch Handkuß oder tiefen Hofknicks ihrer Ehrerbietung Ausdruck gaben, begnügten sich Vater und Mutter mit einem herzlichen Händedruck, der ebenso herzlich erwidert wurde. Als ich Vater später fragte, warum er keinen Handkuß gegeben hätte, strich er mir lächelnd übers Haar und sagte: »Dein Vater ist kein feiner Mann; er beugt sich nur vor Gott!«

In einer der letzten Reihen nahmen wir Platz, und ich mußte den Hals recken, um überhaupt etwas sehen zu können. Vor uns saßen viele, viele Menschen, alle in glänzender Kleidung. Lebhafte Gespräche gingen hin und her, die Gesichter waren gerötet, die Erwartung von etwas Besonderem lag über dem funkelnden Saal.

Jetzt ging ein Raunen durch die Menge, die Menschen erhoben sich von den Stühlen, auch wir standen auf; die Großherzogin von Mecklenburg war gekommen. Ich hatte noch nie eine Großherzogin gesehen und hob mich neugierig auf die Zehen.

Wie enttäuscht war ich, als ich nur eine einfache alte Frau im roten Sessel in der ersten Reihe Platz nehmen sah. In meinen Sagen- und Märchenbüchern waren Herzoginnen immer blendendschöne Frauen mit goldenen Diademen im ebenholzfarbenen Haar. Ja, Phantasie und Wirklichkeit waren wohl ganz verschiedene Dinge.

Plötzlich schritt im scharlachfarbenen Rock mit gepuderter Perücke ein Kavalier des achtzehnten Jahrhunderts durch die staunende Menge auf das kerzenbeleuchtete Podium zu, verneigte sich leicht und setzte eine Flöte an die Lippen. Eine Kadenz sprang auf, ein perlender süßer Ton. Ich war bezaubert. Was waren gegen diese schmelzenden, klagenden Töne unsere Blockflöten und Schalmeien? Wo blieb meine anerkannte Kunst auf der Weidenflöte? Das hier war eine edle menschliche Stimme, eingefangen in einem kleinen, schwarzen Stück Holz, ein Stück Seele, ein Zipfel Ewigkeit. Mir war zumute wie im Himmel. So mußten die Engel spielen, so mußte es sein, wenn die himmlischen Flötenspieler vor Gottes Thron musizierten. Ich sah niemanden mehr, meine Augen füllten sich mit Tränen.

Vaters Hand fuhr mir besorgt übers Haar. Mit schwimmenden Augen blickte ich zu ihm auf, selig lächelnd. Da sah er, daß es die Musik war, die meine kleine Seele so erschütterte. Bewegt legte er den Arm um meine Schulter und zog mich an sich. Die Saat war aufgegangen, die er gesät hatte. Alle Mühe, die er sich gemacht hatte, uns der ewigen Schönheit der Musik nahezubringen, war nicht umsonst gewesen. Ein Meister spielte, und ich begriff es! Das war genug. Eng aneinandergeschmiegt hörten wir den süßen Gesang der Flöte, die funkelnden Läufe und Kapriolen, bis auch der Flügel zu klingen begann und ein Meer von Tönen über uns hinwegbrandete.

Als die Musik schwieg, erwachte ich aus meiner Verzückung und sah, daß es Mutter und Maria nicht anders ergangen war. Nur Georg blickte beharrlich und ungerührt durch die breite Flügeltür in das Nebenzimmer, seine Augen waren mindestens so groß wie die meinen. Da war nämlich eine riesige Tafel aufgebaut, voll mit allen Früchten und Leckereien der Erde. Kuchen und Torten, Orangen und Äpfel, Geflügel und Braten, Schinken und Wurst, rosig und golden, knusprig und sahnig, lieblich und duftig, das reine Schlaraffenland! Das Wasser, das mir aus den Augen stürzte, lief mir jetzt im Munde zusammen. Georg stieß mich an. »Du«, flüsterte er, »ob wir auch was davon kriegen?« Ich wußte es nicht. Aber als eine Pause im Konzert eintrat, nahm uns Vater, der unsere begehrlichen Augen längst erspäht hatte, lächelnd an der Hand, führte uns an die Schlaraffentafel, an der schon die anderen Festteilnehmer schmausten, und sagte: »So, jetzt könnt ihr essen, was ihr wollt!« Du lieber Himmel, das ließen wir uns nicht zweimal sagen. Georg nahm sich eine saftige Scheibe Schinken, Maria ein Stück Apfelkuchen mit Schlagsahne, ich einen knusprigen Hühnerschenkel, und mit vollen Backen kauend, lachten wir uns fröhlich zu, das war ein Leben nach unserem Herzen!

Ich hoffe, es wird mir verziehen, daß ich trotz meiner musikalischen Verzückung noch so viel Sinn für das Irdische hatte. Aber es wäre wirklich eine Lüge, wenn ich, wie es jetzt vielleicht in einem Roman stände, erzählen würde, daß ich entrückten Geistes und blassen Gesichts an all diesen Herrlichkeiten vorüberging. Im Gegenteil: ich aß wie ein Scheunendrescher! Und wenn ich meine Erinnerung überprüfe, was nun mehr Eindruck auf mich gemacht hat, das Flötenkonzert oder das anschließende Schlemmermahl, so muß ich errötend bekennen: ich weiß es nicht.

VATERS TOD

Jahrzehnte waren vergangen. Vater verlebte einen kurzen
Urlaub im Schloß. Ich besuchte ihn übers Wochenende. Nach
dem Gottesdienst am Sonntagvormittag baute Vater vor der
kleinen Schloßkirche, in der Mutter und er einstmals getraut
wurden, seinen Notenständer auf. Nachdem die Kirchgänger
sich verlaufen hatten, spielte er still für sich all die alten
Lieder, die ihn und Mutter so oft in Glück und Leid erquickt
hatten.

Es war wie ein Abschied. Und es *war* ein Abschied! Doch
das wußte ich damals noch nicht. Ich saß abseits an der Kir-
chenmauer und betrachtete Vater. Sein schwarzes Haar begann an den Schläfen leicht grau zu werden. In das Pergament
seines Gesichtes hatte das Leben seine Runen gegraben. Aber

aus den dunklen, gütigen Augen leuchteten Ernst und Frohsinn eines gläubigen und erfüllten Menschenlebens.

Mit leichtem Ansatz blies er seine Lieblingslieder, und als er wehmütig und ahnungsvoll den Choral begann »Ich bin ein Gast auf Erden«, rührte mich ein Schauer an. Ich sah, Vater war alt geworden, und wußte wohl, daß ihm kein hohes Alter beschieden sein würde.

Da kam ein kleines blondes Mädelchen gesprungen und drückte Vater ein Zehnerle in die Hand. »Von der Mutter, fürs Blasen!« lispelte es verschämt. Vater strich ihm lächelnd übers Haar und steckte das Zehnerle ein.

Das war Vater! Ein anderer hätte sich wohl entrüstet gegen den Verdacht gewehrt, ein Straßenmusikant zu sein. Vater aber hatte nichts dagegen, denn seiner Ansicht nach war jede Arbeit und Leistung ihres Lohnes wert.

Diesen Tag werde ich überhaupt nicht so leicht vergessen, war er doch der letzte, an dem ich Vater durch die Wälder unserer Heimat begleitete. Ein letztes Mal schwammen wir zusammen im klaren Wasser des grünen Waldsees, ein letztes Mal fuhren wir mit Pferd und Wagen durch die sternenüberglänzte Nacht zur kleinen Bahnstation, an der wir so oft zu elft mit Hallo ins altertümliche Bähnchen geklettert waren. Wie in alten Zeiten, da ich als Bub mit Vater durch Felder und Wälder kutschierte, fuhren wir nun noch einmal dahin. Und wie damals hielt Vater Zügel und Peitsche in festen Händen und blickte still in das Dunkel. Mit leiser Wehmut im Herzen sah ich den Umriß seines gebeugten Rückens. Seine Brille blitzte im Sternenlicht. Wir fuhren durch großästigen Buchenwald. Es duftete nach Pilzen und frischem Holz. Ein Waldkauz schrie. Eine Wildtaube gurrte im Schlaf. Zwischen den Wipfeln der hohen dunklen Bäume blinkten die Goldnägel des Orion. Fledermäuse huschten am Wagen vorbei. Die Räder knarrten, das Pferd schnaubte und warf den Kopf. Ein unbeschreiblicher Friede erfüllte mich, und als ich auf Vater blickte, wußte ich, daß, auch wenn er einst nicht mehr in diesem Leben unter uns weilte, er immer und ewig neben mir sitzen würde wie in dieser Nacht.

Ja, Vater hatte sich verändert. Während früher der Humor seine hervorstechendste Eigenschaft war, wurde er nun immer stiller und ernster. Bei der Morgenandacht sangen wir immer häufiger die Lieder, die im Gesangbuch unter der Überschrift »Tod, Gericht und ewiges Leben« zusammengefaßt sind. Und wenn Johann Matthäus Meyfarts Lied »Jerusalem, du hochgebaute Stadt, wollt Gott, ich wär' in dir!« erklang, dann trat ein so sehnsüchtiger und überirdischer Ausdruck in Vaters Augen, daß ich den Blick nicht von ihm wenden konnte.

Vaters Augenlicht war schwächer und schwächer geworden, er begann, sich mit dem Gedanken vertraut zu machen, das Schicksal seines Vaters zu erleiden. Dies um so mehr, als sein Bruder Willi, der als Pfarrer in einer kleinen Landgemeinde wirkte, um diese Zeit plötzlich erblindete.

Es war etwas Ergreifendes um diese Erblindung, denn Onkel Willi verlor das Augenlicht, als er als Diener des Herrn vor dem Altar stand und das Evangelium des Sonntags verkündete. Mächtig schwang seine Stimme über die andächtig lauschende Gemeinde. Plötzlich sah diese, wie die schwere Lutherbibel den Händen des Pfarrers entglitt. Der bückte sich, um sie aufzuheben; als er sich aufrichtete, war es Nacht um ihn, ewige Nacht.

Das Schicksal seines Bruders erschütterte Vater sehr, aber nicht in dem Sinne, daß er Furcht davor hatte, ihm könne ein Gleiches widerfahren. Je älter Vater wurde, um so inniger fühlte er sich mit seinem verstorbenen Vater verbunden, um so lebhafter wünschte er sich, diesem in allem ähnlich zu werden. Ach, sein Schicksal sollte ein ganz anderes werden! In stürmischer Herbstnacht stürzte er mit dem Fahrrad, als er zu einer weit entfernten Siedlung fuhr, um Bibelstunde zu halten. Ein heftiger Schmerz durchfuhr sein Knie, aber bescheiden und zurückhaltend wie er in allem war, was seine Person betraf, erzählte er nichts von dem Sturz. Einige Tage später begann das Knie anzuschwellen. Vater legte Heilerde auf und arbeitete weiter. Über ein Jahr schleppte er sich mühsam durch die Gemeinde, bis er es vor Schmerzen nicht mehr aushielt und einen Arzt aufsuchte. Der schüttelte bedenklich den Kopf und wies ihn ins Krankenhaus ein. Da lag Vater ernst und still im weißen Bett und ließ sich nur widerstrebend die Pflege angedeihen, die er ein ganzes Leben zurückgewiesen hatte. Auf seinem Nachttisch lagen Bibel, Gesangbuch und das Losungsbüchlein der Brüdergemeine, auf dem Tisch aber stand ein herrlicher Blumenstrauß, den Mutter täglich erneuerte.

Jetzt lag die Last der Gemeindearbeit ganz auf Mutter. Dazu kam der Haushalt, der Garten, der kranke Mann, es war wirklich nicht leicht. Aber die Kraft des Gebetes verlieh Mutter hundertfältige Kraft. Den Krückstock in der Rechten, humpelte sie mit D-Zugsgeschwindigkeit durch die Gemeinde, zum Pfarrhaus, zum Krankenhaus und wurde niemals müde.

Ich hatte damals ein Zerwürfnis mit den Eltern, wobei die Schuld ganz auf meiner Seite lag. In jugendlicher Besserwisserei und Überheblichkeit hatte ich einen Weg eingeschlagen, den die Eltern nicht gutheißen konnten, und sie sagten es mir. Verletzt zog ich mich zurück und übersiedelte in eine andere Stadt, wo ich ein Leben nach meinem Sinn begann. Anfänglich hatte ich noch Briefe nach Hause gerichtet, bald unterließ ich auch dies. So wußte ich nichts von Vaters Sturz und Krankheit, und da ich auch die Verbindung mit den Geschwistern unterbrochen hatte — sie mißbilligten mein Verhalten —, so lebte ich ganz für mich in meiner ach so falschen Welt.

Eines Tages stand ich auf dem Zentralbahnhof der Großstadt, in der ich damals arbeitete, und wollte mit der Vorortbahn nach Hause fahren. Zeitunglesend wartete ich auf den Zug, die Aktenmappe unterm Arm. Auf dem gegenüberliegenden Bahnsteig war gerade ein Fernzug zur Weiterfahrt eingefahren. Die Lokomotive nahm Wasser auf und stieß mächtige Dampfwolken aus, so daß man kaum das Schild lesen konnte, auf dem die Fahrtroute stand. Gleichgültig glitten meine Augen über das Schild. Da durchfuhr es mich wie ein Schlag — der Zug fuhr in meine Heimat, in die Stadt, wo meine Eltern lebten. Mir war, als hätte mich eine Hand angerührt, und eine Stimme in meinem Herzen raunte: »Der Narr lästert die Zucht seines Vaters; wer aber Strafe annimmt, der wird klug werden.«

Kurz entschlossen sprang ich über die Gleise und stieg in den Zug, der mich zur Heimat bringen sollte. Wie töricht war ich gewesen, wie lieblos den Eltern gegenüber! Nun aber wollte ich heimkehren und wie der verlorene Sohn sprechen: »Vater, ich habe gesündigt gegen den Himmel und vor dir; ich bin hinfort nicht mehr wert, daß ich dein Sohn heiße.«

Viel zu lange dauerte mir die Fahrt. Eine tiefe Unruhe hatte mich ergriffen. Ich atmete auf, als der Zug auf dem Bahnhof einlief, den ich so oft mit Freuden begrüßt hatte, wenn ich zu den Ferien nach Hause kam. Der Bahnhofsvorsteher kam auf mich zu und drückte mir die Hand. »Das tut mir leid mit Ihrem Vater«, sagte er. Ich stand wie vom Donner gerührt. »Was ist mit Vater?« stammelte ich mit bleichen

Lippen. Der Vorsteher sah mich erstaunt an. »Ja, wissen Sie denn nicht, daß Ihr Vater im Krankenhaus liegt?« Ich schüttelte verlegen den Kopf und verabschiedete mich überstürzt. Ich sah noch, wie mir der Vorsteher nachdenklich nachblickte, dann lief ich zum Krankenhaus.

Als ich atemlos bei der Anmeldung nach Vater fragte, blickte mich die Schwester mitleidig an und sagte: »Ich weiß nicht, ob Sie schon zu Ihrem Vater können, er liegt noch in der Narkose!« Mir war, als hätte mir jemand einen Hammer auf den Schädel geschlagen. »Ist Vater . . . ist Vater . . . operiert worden?« Ich schluckte mühsam. Die Schwester musterte mich neugierig. »Ja, wußten Sie das denn nicht?« wiederholte sie die Frage des Vorstehers. »Nein«, antwortete ich bitter, die Posaunen des Gerichts im Ohr, »ich wußte es nicht.« Und im Herzen setzte ich hinzu: ». . . durch eigene Schuld!«

Das harte Klopfen eines Stockes rüttelte mich auf, das ich unter tausend Geräuschen herausgehört hatte, der Stock meiner Mutter! Kerzengerade, einen Asternstrauß in der Linken, kam sie um die Ecke gehumpelt. Ich stand starr und unbeweglich. »Mutter«, stammelte ich, »Mutter!« Die Tränen stürzten mir aus den Augen. Mutter schloß mich schweigend in die Arme. »Mein Junge«, flüsterte sie, »mein Junge! Wie wird Vater sich freuen!« Dann blickte sie mich erstaunt an und sagte: »Woher wußtest du denn, daß Vater heute operiert wurde, ich habe es doch niemand gesagt?« Ich erzählte ihr mein Erlebnis auf dem Großstadtbahnhof, sie faltete stumm die Hände. »Gottes Wege sind wunderbar«, sagte sie erschüttert, »komm jetzt zu Vater!«

Als wir leise in Vaters Zimmer traten, war dieser bereits aus der Narkose erwacht. Er sah bleich und verfallen aus und atmete mühsam. Aber seine Augen leuchteten, als er mich erblickte. »Bist du doch gekommen, mein Junge«, flüsterte er, »ich hatte Gott so darum gebeten, nun ist mir schon viel wohler!« Ich stand tief bewegt, und als ich mich niederbeugte und seine wachsbleiche Stirn küßte, da strömte ein solches Glücksgefühl durch mein Herz, daß ich keines Wortes mächtig war.

Man hatte Vater ein Bein abgenommen. Der Tod fraß in seinem Körper. Hätte er nach seinem Sturz sofort einen Arzt aufgesucht, es wäre wohl nicht so weit gekommen, aber nun war alles Wenn und Aber zu spät. Täglich saß ich an seinem Krankenbett, bis ich wieder zur Arbeit zurückkehren mußte, und erzählte ihm von allem, was ich erlebt hatte. Er nickte bedächtig, sprach hin und wieder von seiner Sorge um einzelne Geschwister und legte mir ans Herz, Mutter und ihnen zur Seite zu stehen, wenn er einmal nicht mehr da sei. Er wußte, daß er sterben mußte, und fürchtete sich nicht. Tapfer verbiß er die immer heftiger werdenden Schmerzen; wenn es gar zu schlimm wurde, faltete er die schmalen, bleichen Hände und bat Gott um Kraft. Die Ärzte standen ergriffen vor dieser Tapferkeit, und mancher hat mir später gesagt, daß es doch etwas Schönes wäre um solch ein Sterben.

Der Tag des Todes kam ganz plötzlich. In den Vormittagsstunden eines sonnendurchfluteten Septembertages verlor er das Bewußtsein. Mutter saß am Bett und hielt seine Hände, mit klarer Stimme Gebete sprechend. Wir Kinder standen unbeweglich. Es war ein schwerer Todeskampf, das Herz kämpfte verzweifelt. Langsam wurde das Röcheln leiser und leiser, ein letzter schwerer Seufzer, Vater war heimgegangen. Mutter schloß die dunklen Augen, die uns so oft in Liebe und Zorn angeblickt hatten, und legte dem Toten die Hände zusammen. Dann verließ sie die Fassung. Schluchzend beugte sie sich über das elfenbeinfarbene Antlitz, küßte die erkalteten Lippen und flüsterte: »Liebster, mein Liebster, ich danke dir!«

Wir gingen still hinaus. Niemals hatten wir erlebt, daß Mutter ihre Gefühle offenbarte. Sie war wie ein Soldat so hart und so tapfer. Um so mehr bewegte uns jetzt die reine und große Liebe, die hier zutage trat.

Vaters Beerdigung war ein Ereignis. Der Generalsuperintendent und vierzehn Amtsbrüder schritten hinter Vaters Sarg, dem eine unübersehbare Menschenmenge folgte. Mutter ging an meiner Seite, die Geschwister folgten. Ein leiser Regen hatte begonnen, der Himmel war grau in grau, der Wind wühlte in den Bäumen. Als Vaters Sarg in die Tiefe sank, stand Mutter unbeweglich und tränenlos. Aber als wir im dämmernden Licht des Abends langsam nach Hause wanderten, schluchzte sie jäh auf und stammelte: »Was sollen wir jetzt ohne Vater machen!«

DIE STIFTUNG

Ja, was sollten wir ohne Vater machen! Ein Berg von Blumen und Kränzen wölbte sich über dem frischen Grab, zu dem Mutter täglich wanderte, um sich Kraft zu holen für all die Fragen und Sorgen, die jetzt auf sie einstürmten. Da waren die jüngeren Geschwister, deren Ausbildung gefährdet schien, da war die Wohnungsfrage. Die älteren Geschwister hatten ja längst ihren Weg gemacht, waren verheiratet oder in festen Stellungen — aber die Kleinen, was sollte aus ihnen werden! Ich grübelte Tag und Nacht. Da kam mir der Gedanke, eine Familienstiftung zu gründen, ein soziales Hilfswerk, wie wir heute sagen würden. Die älteren Geschwister sollten regelmäßig von ihrem Einkommen in eine gemeinsame Kasse zahlen, aus der die Ausbildung der jüngeren bestritten werden konnte. Darüber hinaus sollte die Stiftung dazu dienen, in Not geratene Geschwister zu unterstützen.

Ich besprach die Sache mit Georg und Maria. Sie waren begeistert, wenngleich Maria zarte Andeutungen machte, daß sie nur wenig zu der Stiftung beitragen könne, da sie noch an ihrer Aussteuer abzuzahlen hätte. Denn Vater hatte nichts hinterlassen als sein Waldhorn! Arm, wie er auf diese Welt gekommen, hatte er sie auch verlassen, und ich bekenne, im Gegensatz zu der landläufigen Meinung, daß ich Vater kein höheres Lob aussprechen kann.

Der treue Georg, der nach einem schweren Flugzeugabsturz eine größere Versicherungssumme ausgezahlt erhalten hatte, zeichnete sofort mehrere hundert Mark für die Stiftung, und Maria erklärte sich bereit, die Verwaltung zu übernehmen. Da konnte ich mich, als der Urheber dieses Hilfswerks, auch nicht lumpen lassen, und damals finanziell gut gestellt, zeichnete ich eine Summe, die Georgs großzügige Spende noch übertraf. Auch die anderen zahlungsfähigen Geschwister spendeten nach besten Kräften, so daß schließlich ein ganz ansehnlicher Betrag in der Kasse lag. Maria verwaltete das Geld, wir nahmen Abschied voneinander und von Mutter und kehrten zu unserer Arbeit zurück.

Ein Jahr verging. Ich war viel auf Auslandsreisen und hörte nur hin und wieder vom Ergehen der Geschwister. Benjamin war Soldat geworden und steuerte auf den Fahnenjunker zu. Stefan hatte das Studium aufgenommen, er wollte Lehrer werden. Daneben begann er, die Blindenschrift zu lernen, sein Augenlicht wurde schlechter und schlechter. Trotzdem war er ein vorzüglicher Turner und Sportler und strotzte vor Lebenskraft. Er war jetzt der einzige von den Geschwistern, der noch zu Hause war, alle anderen hatten das warme Nest verlassen und waren in die Welt hinausgeflogen. Mutter war glücklich, daß ihr wenigstens einer von den elf geblieben war, wenn er auch täglich zur Universität fuhr. Die beiden waren wie ein Liebespaar. Stefan half Mutter, wo er konnte, und Mutter verwöhnte ihn so, daß sein schmales Gesicht runder und runder wurde.

Auch Benjamin, der lustige, immer strahlende Soldat, kam des öfteren auf Urlaub. Dann dröhnte das Haus vor Lachen, tausend Streiche und Schelmenstückchen wußte der liebe Kerl zu erzählen, er wackelte mit den Ohren, seine glänzend-schwarzen Augen funkelten vor Vergnügen, und Stefan und ich hielten uns die Seiten vor Lachen und schrien mit erstickter Stimme: »Hör auf, Benjamin, hör auf!« Und Vaters Bild lachte aus dem Silberrahmen auf dem Klavier; wir wußten, er war einverstanden mit unserer Fröhlichkeit und dankbar, daß wir Mutter aufheiterten in ihren trüben Gedanken.

Das besorgten auch die zahlreichen Briefe und Grüße, die Mutter von all den vielen Kindern und Enkelkindern erhielt. Kein Tag verging, an dem nicht der Postbote schellte, und sie hatte so viel mit der Beantwortung aller Briefe zu tun, daß sie manchmal scherzhaft meinte: »Ich habe eine Korrespondenz wie ein Minister!«

Da meldete Maria die Geburt ihres zweiten Töchterleins, da schrieb Thomas, daß sein Ältester die Masern habe, da fragte Eva an, ob das Klavier schon eingerostet sei, da bat Johannes, der Theologe, um Zusendung eines Buches von Vater, das er für sein Studium brauche, da kündete Betty ihren Besuch mit zwei Kindern an; ja, Großmutter werden ist nicht schwer, Großmutter sein dagegen sehr!

Und dann verlangte die Gemeinde ihr Recht. Mutter hatte keine Pause in ihrer Liebestätigkeit für Vaters Gemeinde eintreten lassen. Tag für Tag besuchte sie die Kranken und Sterbenden, sprach hier Trost zu und schlichtete dort, trocknete Tränen und weinte mit den von Leid Getroffenen, Blumen über Blumen wanderten in die Hütten der Armen und Kranken, ununterbrochen floß der Strom des Segens und der Kraft, die nur die Tapferkeit eines gläubigen Herzens verleiht.

Der neue Pfarrer der Gemeinde war dankbar für die wertvolle Hilfe, die ihm durch Mutters rastlose Tätigkeit zuteil wurde. Aber als sein erstes Töchterchen Franziska geboren wurde, sah er erst, welchen Schatz er im Hause hatte. Schon bei der Geburt der Kleinen war Mutters Erfahrung auf diesem Gebiet von ausschlaggebender Bedeutung, und Mutter berichtete stolz von ihren Hebammendiensten bei der schweren Entbindung. Die heranwachsende Kleine aber war Mutters ganzer Sonnenschein, und auch Franziska wich nicht von »Omas« Schürzenzipfel.

Ja, und was machte die Stiftung einstweilen? Die Frage interessierte mich lebhaft; malte ich mir doch aus, welch stattliche Summe inzwischen durch die regelmäßigen Spenden zusammengekommen sein mußte.

Eines schönen Sommerabends erschien ich bei Maria, die mich freudig begrüßte. Die Freude galt allerdings weniger meiner Person als meinem Erscheinen. Resolut drückte sie mir eine Bratpfanne in die Hand, steckte die kleine Maria ins Bett und verkündete triumphierend, daß sie nun endlich einmal Gelegenheit hätte, mit Käthe, ihrer Schwägerin, ins Kino zu gehen. Ich sollte das Haus hüten — Schwager Hannes sei leider verreist — und vor allem auf ihr Goldstück, die kleine Maria, achtgeben. Das sei sehr einfach, da ich im gleichen Zimmer wie die Kleine schliefe, mein Lager auf der Couch sei schon zurechtgemacht. Damit nahm sie Hut und Mantel, und ehe ich eine Erklärung über meine mangelnden Babysitterqualitäten abgeben konnte, war sie zur Tür hinaus.

Da stand ich nun mit meiner Weisheit und machte gute Miene zum bösen Spiel. Ich briet meine Kartoffeln und lauschte hin und wieder. Im Kinderzimmer war alles still. Ich verzehrte die Bratkartoffeln, griff dann ein Buch aus Schwager Hannes' Bibliothek und machte es mir bequem.

Eine Viertelstunde verrann. Soeben hatte der Inspektor von Scotland Yard die Gartenmauer zu dem unheimlichen Haus überstiegen. Da, ein Geräusch! Ich spitzte die Ohren. Deutlich war das Schleichen und Tappen nackter Füße zu hören. Ich öffnete die Tür. Da stand die kleine Maria im weißen Nachthemdchen und blickte mich entsetzt an. Sie erkannte mich nicht. Jetzt verzog sie ihr Gesicht, ihr Mündchen öffnete sich, und »Mutter, Mutter« klang es mit einer Stimme durchs Haus, die jeden Zweifel an unserer Verwandtschaft ausschloß. Ich näherte mich ihr beruhigend mit beschwörenden Gesten. »Sei brav, mein Herzchen«, flötete ich, »sei brav! Onkel hat auch schöne Schokolade mitgebracht. Komm, sei lieb und geh ins Bettchen!« Maria brüllte weiter. Als ich mich ihr näherte, wich sie schreiend zurück, machte blitzschnell kehrt und verschwand im Kinderzimmer. Ich hatte gesiegt. Aufatmend vertiefte ich mich wieder in die Geheimnisse des düsteren Hauses in meinem Buch. Der Inspektor war wie eine Katze am Obstspalier emporgeklettert, vorsichtig spähte er durch das erleuchtete Fenster, er hob die Pistole – da – wieder ein Geräusch, ein Stimmchen rief!

Jetzt wurde es mir zu bunt. Energisch öffnete ich die Tür zum Kinderzimmer. Maria saß im Bettchen und rief mit der Hartnäckigkeit, die nur Kindern und Genies eigentümlich ist, nach ihrer Mutter. Ich versuchte es noch einmal im guten. »Still, mein Liebling«, flüsterte ich und zog die Jacke aus, »Onkel Christian geht jetzt auch zu Bett und leistet dir Gesellschaft, bis Mutter kommt. Sei brav, ich erzähle dir auch eine schöne Geschichte!« Maria verstummte. Ich zog mich aus, legte mich auf die Couch und begann zu erzählen.

Ach, niemals wurde mir die Zeit so lang! Der Häwelmann mußte her und der Nikolaus, die Goldmarie und das Aschenputtel, Schneewittchen und Zwerg Nase; Marias Wissensdurst kannte keine Grenzen, sie war offenbar ihrem Vater sehr ähnlich, der sich auch in ein Thema oder Problem zu verbeißen pflegte wie der Terrier in die Ratte. Schließlich schwieg ich erschöpft. Maria schlief. Ich dankte dem Himmel.

Plötzlich merkte ich, daß meine Aktenmappe fehlte. Hatte ich sie etwa im Zug stehenlassen? Aber ich hatte sie doch noch gehabt, als ich ins Haus kam! Richtig, ich hatte sie ans Treppengeländer vor der Wohnungstür gestellt, als ich klingelte. Nun aber raus und nachgesehen, hoffentlich hatte sich noch kein Liebhaber für die schöne Schweinsledermappe gefunden. Mit wehendem Hemdzipfel schlich ich zur Wohnungstür und öffnete. Gott sei Dank, da stand die Mappe, unberührt. Es gab doch noch ehrliche Leute. Ich hob die Mappe auf, ein kalter Luftzug fuhr durch das Treppenhaus, ein heftiger Knall, die Tür war ins Schloß gefallen!

Da stand ich nun mit meinem Talent, ohne Schlüssel und Hose, ein Bild des Jammers. Scheu lehnte ich über das Treppengeländer. Die Haustür ging. Eine fremde Dame kam. Ich flüchtete zwei Stockwerke aufwärts. An der Bodentür blieb ich stehen und lauschte. Die Dame machte im Stock unter mir halt, kramte in ihrer Tasche, ein Schlüsselbund klapperte, eine Tür knarrte, klappte zu, das Treppenlicht verlosch.

Ich stand im Dunkeln und horchte. Mein Hemd flatterte, eine Gänsehaut pitzelte über meine südliche Hälfte, es war totenstill. Langsam und vorsichtig schlich ich die Treppe hinunter. Was sollte ich machen? Hier warten, bis Maria nach Hause kam? Ausgeschlossen! Wie leicht konnte mich ein Hausbewohner in dieser prekären Situation entdecken und, da mich keiner kannte, für einen Verrückten oder Einbrecher halten. Ich mußte mir selber helfen.

Da fiel mir zu meiner Erleichterung ein, daß ich das Fenster zum Kinderschlafzimmer offengelassen hatte, um die kühle

Nachtluft hereinströmen zu lassen. Da Marias Wohnung zu ebener Erde lag, konnte ich also mühelos einsteigen. Ich huschte die Treppe hinunter, ohne Licht zu machen, öffnete die Haustür, blicke mich scheu um und schlüpfte hinaus. Vorsichtig drückte ich mich an der Hauswand entlang. Wahrhaftig, das Fenster war offen! Ich zog mich am Fensterrahmen hoch und schob mich über das Fensterbrett.

Da, ein schrecklicher Schrei! Die kleine Maria war wach geworden, hielt mich offenbar für ein Gespenst und brüllte aus Leibeskräften. »Bist du ruhig«, wisperte ich zornig, »die Leute werden ja wach!« Maria schrie weiter. »Ruhe«, brüllte ich, »ich schneid' dir die Ohren ab!« Diese Drohung wirkte. Platt wie eine Flunder fiel Maria aufs Bett und rührte sich nicht. Ich deckte sie sorgsam zu und kroch unter die Decke.

Da ging die Wohnungstür. Meine Schwester kam. Leise öffnete sie die Tür und flüsterte: »Alles in Ordnung?« Ich wollte gerade zurückflüstern: »Jawohl«, da streckte die Kleine die Arme aus und begann erbärmlich zu schluchzen. Ihre Mutter machte Licht und stand erstarrt: ihre wohlerzogene Tochter hatte das Bett vollgemacht!

Während Maria das lieblich duftende Töchterchen in die Badewanne steckte, beichtete ich die Erlebnisse dieses Abends, worauf Maria grimmig erklärte: »Das war das letzte Mal, daß ich dich zum Babysitter bestellte!«

Zerknirscht legte ich mich zur Ruhe und schlief augenblicklich ein. Schreckliche Träume umgaukelten mich. Zahlreiche Kinder in weißen Nachthemden umschwebten mich brüllend und kreischend, Maria stand mit erhobener Bratpfanne in der Küche und drohte, mich zu zerschmettern, ich stand im Hemd auf der Straße, und eine Menschenmenge schrie: »Fangt den Verbrecher, den Kinderschreck!« Ach, wie mußte ich büßen für meine unbesonnene Bereitwilligkeit, Babysitter zu spielen!

Schweißgebadet erwachte ich. Es war heller Morgen. Am Bett stand Maria und lachte, die kleine Maria auf dem Arm, die mich scheu betrachtete.

Frischgebadet und -rasiert saß ich am Frühstückstisch. Da fiel mir der Zweck meines Besuches, die Familienstiftung, ein. Gerade wollte ich Maria nach dem derzeitigen Saldo fragen, da sagte sie honigsüß: »Sag' mal, Christian, du könntest mal wieder etwas in die Familienstiftung einzahlen, es ist kein Pfennig mehr in der Kasse.«

»Wa—wa—was«, stammelte ich überrascht, »ich dachte, da müßten über tausend Mark drin sein!« Maria lächelte mitleidig. »Aber, Christian«, sagte sie vorwurfsvoll, »was hast du eigentlich für eine Vorstellung von einer Familienstiftung? Hast du beabsichtigt, Reichtümer zu sammeln, oder wolltest du die Geschwister unterstützen? Du weißt doch, was Evas Klavierstunden kosten und Stefans Studium. Johannes brauchte einen Mantel und Betty einen Pelzkragen. Und schließlich, all die vielen Kinder und Geburtstage! Nein, Christian, ich verstehe dich wirklich nicht!«

O weibliche Logik, was sollte ich machen? Ich tat das Vernünftigste, ich lachte — lachte, bis mir die Tränen über die Backen liefen und Maria mir beruhigend auf den Rücken klopfte. Dann bat ich sie, eine gute Flasche aus dem Keller zu holen, und wir feierten die Beerdigung der Familienstiftung.

FAMILIENTAG

Der zweite Weltkrieg war vorüber. Millionen schuldloser Herzen hatten aufgehört zu schlagen, Millionen vaterloser Kinder blickten trostlos in eine graue, liebeleere Zukunft, Millionen weinender Frauen aller Nationen warteten vergeblich auf die Heimkehr des Gatten und Ernährers.

Der Krieg hatte auch unsere Familie durcheinandergewirbelt, aber Mutters Gebet hatte wie ein bergender Mantel über uns gehangen und uns bewahrt in Not und Gefahr. Nur Benjamin, der Kleinste, war vermißt nach blutiger Schlacht. Ein Kamerad sah ihn zum letztenmal schwerverwundet auf dem Verbandsplatz seines Regiments.

Und nun stand ich auf der Straße der kleinen Stadt, in der meine Familie neue Heimat gefunden hatte, und hielt einen

Brief in der Hand — von Mutter! Es war der erste Brief, den ich seit langem wieder von ihr erhielt, ich scheute mich fast, ihn zu öffnen. Was mochte er enthalten an Glück oder Leid? Was würde er berichten über das Schicksal der Freunde und Verwandten nah und fern? Ich riß das Kuvert auf und las.

Las ich noch? Dröhnte eine Orgel in meinen Ohren? Schwankte der Turm vor meinen Augen? Nur eine Zeile hatte ich gelesen — Stefan war tot. Erschlagen, ermordet auf grüner Heide von feigen Banditen! Ich zitterte. Betäubt von diesem furchtbaren Schlag, lehnte ich an der Wand des bunten Fachwerkhauses, keines Wortes mächtig. Ich versuchte zu lesen, die Zeilen verschwammen vor meinen Augen. Da riß ich mich zusammen und ging nach Hause. Im stillen Kämmerlein zog ich aufs neue den Brief hervor und las.

»Mein lieber Sohn«, schrieb Mutter, »ich muß Dir heute eine Nachricht übermitteln, die Dich, ich weiß es, hart treffen wird. Unser Stefan, Dein Stefan, ist tot, erschlagen am Waldrand von Mörderhand. Mit ihm starb Margot, seine liebe Braut, und noch zwei junge Menschen. Sie ruhen in einem Grabe. Gott gebe ihnen die ewige Ruhe! Mein lieber Junge, Du darfst jetzt nicht hadern mit Gott und bitter werden. Wie unsere Lieben starben, wir wissen es nicht, und niemals wird das Geheimnis ihres Todes gelüftet werden. Daran darfst Du jetzt aber nicht denken, sondern Du mußt Dir vorstellen, wie Vater sich freute droben im Himmel, als eins der Kinder ihn an der Hand faßte und mit ihm zusammen vor Gottes Thron trat, um die Musik zu hören, nach der er sich zeitlebens sehnte und die auch uns erquicken wird, wenn wir getreu bleiben bis in den Tod. Es umarmt Dich in Liebe Deine Mutter.«

Den Brief in der Hand, saß ich tieferschüttert auf meinem Bett. So schrieb eine Mutter, die das Evangelium zur Richtschnur ihres Lebens gemacht hatte. Ich wußte, was Stefan ihr bedeutete und wie tief sein Tod sie getroffen haben mußte. Aber, statt in Jammern und Klagen auszubrechen oder tränenlos zu versteinern, dachte sie nur daran, mir Stefans Tod leicht zu machen, vergegenwärtigte sie sich in ihrem gläubigen Herzen das himmlische Wiedersehen zwischen Vater und Sohn. Welch eine Kraft des Glaubens und der Liebe!

Jahre vergingen. Auf Stefans Grab blühten Thymian und Klee, Benjamin blieb verschollen. Gerald kehrte aus langer Gefangenschaft zurück. Johannes stand vor Vaters Altar, Maria und Betty meldeten die Geburt ihrer Töchter; das Leben ging weiter. Die Zahl der Enkelkinder hatte die Ziffer zwanzig längst überschritten, Mutters Haare wurden weiß, die Post auf ihrem Schreibsekretär türmte sich zu Bergen, eine neue Generation wuchs heran.

Da beschlossen wir, einen Familientag zu veranstalten. Ein Rundschreiben erging, und von allen Seiten flatterten die Zusagen auf Georgs Schreibtisch. Er hatte die Durchführung übernommen, und das war gar nicht so einfach, denn all die kleinen Nichten und Neffen, Vettern und Basen, Onkel und Tanten mußten untergebracht und verpflegt werden. Und das zu einer Zeit, wo die Ernährungslage wegen der Folgen des schrecklichen Krieges keineswegs rosig aussah. Aber Georg schaffte es, liebevoll unterstützt von seiner tüchtigen Gattin, einer Jugendfreundin Marias, die, als sie Georgs Bild zum erstenmal sah, erklärte: »Den heirate ich oder keinen!«

Ich wohnte mit meiner Familie bei Georg, und da wir uns seit Vaters Beerdigung nicht mehr gesehen hatten, war es ein Wiedersehen, wie es inniger und herzlicher nicht sein konnte. »Wie geht's, altes Haus?« schrie er mit rauher Stimme, um seine Rührung zu verbergen, und klopfte mir auf den Rücken, als wollte er mir die Wirbelsäule brechen. Ich schüt-

telte ihm beide Hände und schluckte mächtig. Mein lieber
Georg! Gefährte seliger Kinderjahre! Treuer Kampfgesell unzähliger Streiche und Schandtaten!
Jetzt marschierten die rotwangigen Töchterchen auf, knicksten
verlegen und beschnupperten meine Söhne. Und während wir
behaglich beim Begrüßungskaffee saßen, tobte draußen im
Garten die wilde Jagd über Sträucher und Bänke. Wir lächelten. Dachten wir doch an die Zeit, wo wir elf über Hecken
und Zäune wirbelten, der Schrecken des Dorfes.
Am Abend kam Mutter. Unter dem weißen Haar strahlte
ihr liebes Gesicht, rot und frisch wie je zuvor. Kerzengerade
saß sie bei Tisch und blickte mit frohen Augen auf das Heer
der Kinder und Kindeskinder. Auf dem Tisch standen Bilder
von Vater, Stefan und Benjamin, blumengeschmückt. Wir
wußten, sie waren mitten unter uns, und besonders Vaters
Augen leuchteten, als habe das Pochen all der kleinen und
großen Herzen ihn zu neuem Erdenleben erweckt.
Nachdem die kleinen Trabanten mit viel Hallo und Gelächter in die Betten verschwanden, waren wir Erwachsenen
allein.
Da schlug Eva den Flügel auf, Johannes holte Vaters Waldhorn aus der Hülle, Georg stimmte sein Flügelhorn. Notenständer wurden aufgestellt und Liederbücher verteilt, und
schon erscholl es wie in alter, seliger Zeit durch das geöffnete
Fenster über die schlafende Stadt:

> »Wer nur den lieben Gott läßt walten
> und hoffet auf ihn allezeit,
> den wird er wunderbar erhalten
> in aller Not und Traurigkeit.
> Wer Gott, dem Allerhöchsten, traut,
> der hat auf keinen Sand gebaut.«

In buntem Wechsel tönten Choräle, geistliche und weltliche Volkslieder durch den Raum; Mutters helle Stimme führte die Melodie, Marias herrlicher Alt sekundierte, Thomas' weicher Tenor sang die Oberstimme, Georgs Baß brummte; der Flügel jubelte unter Evas Händen, Vaters Waldhorn, von Johannes meisterlich gespielt, begleitete wie in alten Zeiten, Bettys Flöte schluchzte, und mein Flügelhorn schwang wie ein Vogel über das Lied, das unsere Kinderjahre begleitete:

>*So nimm denn meine Hände*
und führe mich
bis an mein selig Ende
und ewiglich.
Ich mag allein nicht gehen,
nicht einen Schritt;
wo du wirst gehn und stehen,
da nimm mich mit.<

Das Lied war verklungen. Wir saßen stumm und blickten in das goldene Licht der Kerzen. Im Fensterrahmen stand groß und zeitlos der Abendstern. Die Linde vor dem Fenster rauschte und duftete. Eine Sternschnuppe sprühte über das nachtblaue Firmament.

Da klang es wie leises Schluchzen durch die schweigende Nacht. Georg trat ans Fenster und schaute hinaus. Er winkte. Wir traten neben ihn und staunten. Da saßen Kopf an Kopf auf Bänken, Steinen und blanker Erde die Leute der Nachbarschaft. Einheimische und Heimatlose, Alte und Junge, Glückliche und Unglückliche. Und alle hatten die Köpfe in die Hände gestützt und lauschten, lauschten den Chorälen und Liedern, die, so oft verspottet und totgesagt, immer wieder zu neuem Leben erwachen, um als ewig raunender Brunnen Freude und Kraft zu spenden allen denen, die in ihrem Herzen

Sehnsucht tragen nach jenem unverrückbaren Fels, von dem
Martin Luther singt:

> *»Ein feste Burg ist unser Gott,*
> *ein gute Wehr und Waffen.*
> *Er hilft uns frei aus aller Not,*
> *die uns jetzt hat betroffen.*
> *Der alt böse Feind,*
> *mit Ernst er's jetzt meint;*
> *groß Macht und viel List*
> *sein grausam Rüstung ist,*
> *auf Erd ist nicht seinsgleichen.«*

Wir reichten uns still die Hände und bildeten die Kette, die
uns bei allen gemeinsamen Gebeten verbunden hatte. Ein
Strom von Kraft floß durch den Kreis unserer Herzen, wir
fühlten es: Vater, Stefan, Benjamin, unsere Lieben nah und
fern, ja, alle, die verknüpft waren durch das unzerreißbare
Band des Glaubens und der Liebe, sie weilten unter uns. Unsere Augen schimmerten feucht, unsere Lippen öffneten sich,
und, während die Menschen draußen auf der Straße zuerst
zögernd, dann lauter und lauter in unseren Chor einstimmten,
stieg es brausend empor zu Gottes Thron:

> *»Und wenn die Welt voll Teufel wär*
> *und wollt uns gar verschlingen,*
> *so fürchten wir uns nicht so sehr,*
> *es soll uns doch gelingen.*
> *Der Fürst dieser Welt,*
> *wie saur er sich stellt,*
> *tut er uns doch nichts;*
> *das macht, er ist gericht':*
> *ein Wörtlein kann ihn fällen!«*

INHALT